# CHEERS

与最聪明的人共同进化

HERE COMES EVERYBODY

CHEERS
湛庐

# 极简增长

KEEP GROWING SIMPLE

彭志强 著

浙江教育出版社·杭州

## 如何破解增长困惑?

扫码加入书架
领取阅读激励

扫码获取完整自评表
专属顾问为您答疑解惑

- 公司是否有清晰的核心客户定位?　　是□　否□
  如果是,请选择你的核心客户?　2B/2G□　2C□

- 公司是否清晰了解核心客户的核心需求?
  　　　　　　　　　　　　　　　　是□　否□
  请描述该需求对应的场景/痛点,即在什么场景,
  需要解决什么痛点/挑战?

- 公司核心产品是否满足前述核心客户的核心需求?
  　　　　　　　　　　　　　　　　是□　否□
  公司核心产品线创造的收入占公司总体收入
  　A. 大于或等于50%
  　B. 20%～50%
  　C. 低于20%
  　D. 没统计

扫描左侧二维码获取完整自评表

KEEP GROWING
SIMPLE

**前 言**

# 摆脱增长困惑，极致简单的增长方法论

中国经济在经历了多年高速增长后，不可避免地进入了中低速增长期。经济总量增长的速度变慢了。在这种情况下，我的企业该怎么办？企业的未来会怎样？企业家、创业者普遍陷入了"如何增长"的焦虑。

因此，如何增长是当下每一位企业家、创业者、经理人最为关心的话题。在存量经济时代，"逆水行舟，不进则退"，如果企业无法持续健康增长，恐怕连生存的机会都无法保障。

企业的持续健康增长是员工最为关心的事情，因为只有企业增长了，员工的收入才能增长，他们才能过上更好的生活。

如何增长也是投资人关心的首要话题，因为投资者的收益主要来自被投企业的可持续增长。A股要成为中国国民财富的发动机，有赖于5 000余家上市公司的健康增长。

在土地财政日益受限的今天，政府财政税收越来越依赖于市场主体的激活与发展。只有数以千万计的市场主体持续增收、增利，各级政府的财政税收才有源头活水。因此，实现市场主体的持续增收、增利，是当前摆在各级政府面前的重大挑战。

同时，中国经济正在进入高质量增长、新质生产力发展的新时期，机会与挑战并存。优秀企业需要的是健康而持久的利润、现金流增长，而不是短期的火箭式的规模增长。

**因此，"如何增长"成为一个时代性话题，成为对每一位企业家、创业者、经理人的灵魂追问。**

然而，多数企业的增长战略可能是错误的。

在多数企业家、创业者、经理人的认知或潜意识之中，增加业务、增加产品线、增加销售区域是"增长"的代名词,"加法"策略是多数管理者在谋求增长时的本能选择,但这往往会导致企业陷入"复杂性陷阱"。愿望很美好,现实却很残酷。

那么存在可以指导企业实现长期可持续且立竿见影、见利见效的增长的方法论吗?存在。这一方法论用两句话总结就是,凡是与核心客户、核心需求密切相关的人和事,企业应压强性投入,形成核心能力,即"增肌"或"增效",这是"乘法";凡是与核心客户、核心需求无关或弱关联的事,坚决不做或少做,无关或弱关联的人,坚决不招或少招,即"减脂"或"降本",这是"除法";为此企业要全力以赴地减少各种"错配",因为"错配"是企业浪费的最大源头。

为此,需要回归"第一性原理"[①],在此过程中,企业家、创业者要不停地追问自己四大关键问题:

- 企业的核心客户到底是谁?
- 核心客户的核心需求到底是什么?
- 用什么核心产品来满足核心客户的核心需求?

---

① "第一性原理"是指用物理学的视角看待世界,一层层拨开事物的表象,看到其本质,再从本质一层层往上走。

## IV 极简增长 KEEP GROWING SIMPLE

- 用怎样的核心销售系统完成核心产品的规模化销售？

接着，应追问自己和团队：这四大关键问题的答案能清晰地表达出来吗？具备一致性（fit）吗？是正确的吗？与时俱进了吗？

在此基础之上继续追问：企业的研发管理、生产管理、营销、人力资源、重大投资等一切重要决策或重要工作，是否都紧密围绕着这四大关键问题？

这是盛景研究院 17 年来赋能和投资众多企业所总结提炼的"极致简单的增长方法论"（简称"极简增长"）。如果创业者能清楚地回答以上关键问题，并能在高管团队中形成高度共识，在组织中坚定地全面落实，那么企业的高质量增长指日可待。

毛主席在《矛盾论》中提及："在复杂的事物的发展过程中，有许多的矛盾存在，其中必有一种是主要的矛盾，由于它的存在和发展规定或影响着其他矛盾的存在和发展……捉住了这个主要矛盾，一切问题就迎刃而解了。"

增长亦是如此。

只要抓住"主要矛盾",从第一性原理出发,紧密围绕"关键任务"、寻找并激励"关键人才",增长其实并没有你想象得那么复杂或者那么遥不可及。

在生活方式和审美标准上,"极简主义"和"极繁主义"并存,各有追随者。中年人趋向于选择"极简主义",而不少年轻人偏爱热闹且多姿多彩的"极繁主义"。然而,在日本经历了"失去的三十年"之后,极简主义在年轻人中也变得颇为流行。

**在企业经营中,中小企业、创业企业应坚定不移地选择"极简增长"**。虽然大型企业可以制定复杂多元的增长战略,但其子公司和事业部,特别是新业务或新创公司,即每一个作战单元——稻盛和夫所称的"阿米巴",亦应遵循"极简增长"。

"极简增长"包含了增长的经营哲学与价值观,增长的理念与逻辑,增长的战略、策略与战术。因为极致聚焦增长主线,所以"极简增长"的内核极致简单,但外延相当丰富。

此处"简"指"简单"(simple),亦可扩展至简约、简易、

VI 极简增长 KEEP GROWING SIMPLE

简洁等近义词，相比之下，"简单"作为词根，派生出了众多近义词。在英语中，Simplicity 一词与中文的"简单"意思最为接近。

"极简增长"站在长期主义视角，以核心客户的核心需求为一切经营的原点。它追求的是一种极致的简化，将可持续且高质量的增长目标以简单而高效的方式落地。同时，"极简增长"也是一种"以人为中心"的增长方法论，高度关注企业家、创业者、企业高管和员工的内心安全感与幸福感。

"极简增长"蕴含着时代力量与社会价值。极简，不是为了躺平，增长才是我们努力的目标。我们所倡导的增长，依赖的是极简、可执行的方法，而不是复杂、无法落地的方法。我们追求的是健康、可持续的高质量增长，而不是传统的暴富式增长或以高风险、高负债为代价的增长。在实现"极简增长"的过程中，我们首先聚焦于抓顶层设计、抓主线、抓关键点，而后在战术与策略层面高效地落实、落地。

1928 年，现代主义建筑大师路德维希·密斯·凡德罗（Ludwig Mies Van der Rohe）首次提出了 Less is more（少即是多）的核心美学理念。1965 年，英国哲学家理查德·沃尔海姆（Richard Wollheim）在其论文《极简艺术》(*Minimal*

*Art*）中首次提出了 Minimalism（极简）一词。

关于"极简"的定义，虽然没有公认的标准，但极简艺术是绘画、建筑、设计等多个领域的重要流派之一，并逐渐发展成为一种生活哲学。

"极简思维"亦可作为一种商业经营思维，它将带来经济上的巨大成功，并成为中国未来 20 年的主流商业思维。

雷蒙德·克罗克（Raymond Kroc）将 KISS 原则——"Keep It Simple, Stupid"奉为麦当劳的经营箴言，强调在工作中应时刻保持简单。

作为"麦当劳帝国的缔造者"，克罗克以奶昔机销售员的身份第一次走进麦当劳餐厅时，就被它的"极简"深深吸引。他曾经写道："这是一家将服务和菜单都精简到极致的餐厅，是后来大多数快餐厅的原型和典范。备餐流程的精简使麦当劳在每个步骤都能专注于质量的提升，而这正是它成功的秘诀。1954 年的一天，当我看到麦当劳的工作流程，那感觉简直就像是被爱达荷土豆砸中脑袋的当代牛顿。"

乔布斯无疑是一位"极简大师"。1996 年，当他重返苹果公司时，他用"消费级""专业级""台式""便携"的四象限分类方法，重新定义了苹果复杂的产品线，将分散的资源重新汇集到少数核心产品上，从而大幅降低了产品开发、市场营销、供应链管理的难度，成功地将苹果公司从濒临破产的谷底拯救出来，使其重回世界科技公司的巅峰。

苹果因信奉极简主义而取得了卓越成就。乔布斯的御用广告人肯·西格尔（Ken Segall）撰写了《疯狂的简洁》（*Insanely Simple*）一书，用来纪念乔布斯。这本书诠释了乔布斯重塑苹果公司的底层逻辑——简洁原则。

乔布斯一生崇尚极简主义理念，这种理念贯穿于从公司战略、产品设计到零售店面、开会规则，乃至他的着装、饮食、家居风格等方方面面。沃尔特·艾萨克森（Walter Isaacson）在《史蒂夫·乔布斯传》中写道："他崇尚极简派的设计风格，这源自他作为一名佛教禅宗信徒对简单的热爱。"乔布斯深受"禅宗"影响。日本禅师乙川弘文是乔布斯多年的好友。日本"禅宗"源于中国，被认为是东方极简主义的重要推动力量。乔布斯展现了对事物本质强大的洞察力——对事物的专注、对简洁的热爱、对直觉的欣赏，他近乎偏执地去掉了一切分散注意力的元素。

前　言　摆脱增长困惑，极致简单的增长方法论　IX

埃隆·马斯克的成就和影响力正在超越乔布斯。马斯克同时管理多家公司[①]的秘诀在于坚持第一性原理，从各个业务的本质入手，寻找其中的共性和规律，从根本上简化企业经营和管理。

日本传奇设计师原研哉结合禅宗、极简主义对无印良品进行了成功的商业实践，不仅成为设计领域的一代大师，而且使得"极简主义"在商业界的应用被广泛关注。

在《极简法则》（*Simplify*）中，作者里查德·科克（Richard Koch）和格雷格·洛克伍德（Greg Lockwood）谈道："我们拨云见日，发现了简化的真正秘密，直到今天，20世纪以来所有伟大的成功商业故事，几乎都是有关简化的故事。"

"万物之始，大道至简，衍化至繁。"这句古训在中国流传数千年，被国人广泛接受。近年来，极简风潮在欧美和日本颇为流行。在这样的背景下，市面上涌现了大量标题中包含

---

[①] 据不完全统计，截至2024年3月，马斯克管理的公司包括：电动汽车公司特斯拉（收购了太阳能公司SolarCity）、太空探索技术公司SpaceX、脑机接口技术公司Neuralink、社交网络平台X（原Twitter）以及人工智能公司X AI。

"简单""极简"的图书。这些图书广泛涉猎生活、艺术、设计等各个领域，其中亦有少部分涉及企业经营管理，但多为"浅入浅出"，对企业经营的现实指导意义颇为有限。

与此同时，亦有相当多的管理者对"简单"抱有本能的顾虑，"四肢发达、头脑简单"是他们的口头禅，在这里，"简单"是一个贬义词。在企业经营中，几乎没有人主观上故意将问题搞复杂，但是管理者往往存在这样的担忧："简单"是否太理想主义了？是否过于乐观了？"极简"是否会把事搞砸？

英国作家理查德·科克在其著作《80/20法则》(*The 80/20 Principle*)中谈道：**"简单是经过复杂思考的结果。"**

因此，"深入浅出"才是一部好的作品应有的特质。

本书力图将洞察本质的方法论以简单清晰的方式讲述出来，而非"浅入浅出"或"深入深出"。前者没有营养、误人前程；后者难以理解，何谈践行？我希望将简单带给读者，带给各位企业家、创业者、中高层管理者，而将复杂留给自己。

同时，"极简增长"不是宣扬速成的成功学，因为我深知增长之不易。正是因为饱含着对企业家和创业者的理解，饱含着对时间、资源、增长"三重有限性"的敬畏，我希望给出企业家、创业者能驾驭和践行的增长方法论，助力企业家、创业者坚定前行。

本书汇集了我对当下和未来数十年中国及全球政治经济格局的洞察，对产业发展和企业内在成长规律的反思，对生活方式、内心世界的构建，以及对人际交往的理念与价值观的重塑。

在人工智能、能源技术等科技大爆发的前夜，企业经营管理将迎来重大变革。如何构建"以人为中心"的新管理思想，是一个时代命题。

未来将是超级平台企业和小微企业共存的时代，"大的将更大，小的将更小"。

在人工智能、星际探索、可控核聚变等科技爆发的加持下，人类社会将出现十万亿美元市值的超级巨型平台。而与此同时，几个人甚至一个人的公司（组织）也能活得很好。"小而美"有望成为普遍的组织形态。

在百年未有之大变局时代，中国经济和中国企业面临着诸多挑战，新旧动能到底如何转换？为了对冲房地产下行的压力，新质生产力如何尽快地发展起来？科创企业如何尽快成为新的增长主引擎？这是创业者和企业家们必须首先回答的"时代之问"。

中国经济由高速增长转向中低速增长，由增量经济转向存量经济，但与此同时，中国经济正在进入高质量增长、新质生产力崛起的新时期，机会与挑战并存。在此前景下，"极简增长"方法论应运而生，力图回答时代之问，创造独特的时代价值。

"极简增长"将助力更多中小企业走上切实可行的增长之路。**它致力于将高质量增长的国家战略有效落实到具体的企业经营之中。**尤其对科创企业、"专精特新"企业等新质生产力企业的成长而言，极简增长将发挥重要的引领作用。

KEEP GROWING SIMPLE

## 目 录

前　言　摆脱增长困惑，极致简单的增长方法论

### 第一部分　企业为什么需要"极简增长"

01　增长能"极简"吗　003
　　"极简增长"是可能的　009
　　只有"极简"才可能实现增长　016

02　为什么企业迫切需要实践"极简增长"　025
　　复杂性是导致企业衰败的"隐形杀手"　028
　　简单性是解决复杂问题的关键　032
　　简单性是扭转战局的"手筋"　034

## 第二部分 "极简增长"的顶层设计

### 03 增长方法论的本质：四大灵魂追问　041
　　追问之一：核心客户到底是谁　049
　　追问之二：核心客户的核心需求到底是什么　074
　　追问之三：满足核心客户核心需求的核心产品是什么　109
　　追问之四：核心产品的核心销售系统是什么　132

### 04 "极简增长"的四大关键要求　161
　　清晰性，形成团队共识的前提条件　163
　　一致性，"错配"是企业增长最大的敌人　166
　　正确性，UE模型健康，规避重大风险　174
　　与时俱进，在"10倍速变化"时代敢于自我否定　178

### 05 如何选择细分市场？聚焦于"针尖大的领域"　187
　　如何正确划分细分市场？创造性地"砍一刀"　194
　　如何选择"核心细分市场"？选对池塘钓到鱼　202
　　只做一件大事，但你必须自己找到它　215

## 第三部分　极简增长的执行原则

### 06　重大投资如何决策　223
重资产：如非必须，少做或不做　226
"软能力"重投入，"生产性服务"决定利润归属　237
并购与被并购，驶入增长快车道　243

### 07　研发管理是增长"杠杆"　249
研发管理的两个"凡是"原则，以四大核心为导向　260
用成熟技术实现"小改进、大效果"的研发创新　265
人工智能是具有划时代意义的共性研发　268

### 08　一切决策的金标准：四大核心抉择　275
市场营销　278
供应链（生产）管理　284
人力资源管理　288
以四大核心抉择为一切决策的标准　293

| 09 | 围绕"关键任务"寻找"关键人才" | 297 |
|---|---|---|
| | 企业的"关键人才"是谁 | 300 |
| | 如何激励"关键人才" | 308 |
| | "人多力量大"让位于"关键人才"策略 | 311 |

## 第四部分  第一性原理、创新与极简增长

| 10 | 抉择的原点：第一性原理 | 317 |
|---|---|---|
| | 什么是"第一性原理" | 320 |
| | 如何实践"第一性原理" | 324 |

| 11 | 极简增长与四大创新 | 331 |
|---|---|---|
| | 定义"新"的核心客户 | 335 |
| | 满足"新"的核心需求 | 337 |
| | 提供"新"的核心产品 | 339 |
| | 采用"新"的核心销售系统 | 341 |

| 后　记 | 大道至简，从"人"的视角看极简思维 | 343 |
|---|---|---|

KEEP
GROWING
SIMPLE

第一部分

# 企业为什么
# 需要"极简增长"

# KEEP GROWING SIMPLE

## 01
## 增长能"极简"吗

> 简洁不是把杂乱无章的东西变少或拿掉,而是要挖掘复杂性的深度。你必须深刻地把握精髓,从而判断出哪些不重要的是可以拿掉的。
>
> ——乔纳森·艾夫,当代工业设计之父

"阴中有阳,阳中有阴",
简约中有复杂,复杂中有简约。

KEEP GROWING SIMPLE

如同"一千位读者眼中有一千个哈姆雷特","战略"也难以形成统一的标准定义,更难以形成放之四海而皆准的方法论或工具。

1980年,美国战略学家迈克尔·波特(Michael Porter)的作品《竞争战略》(*Competitive Strategy*)出版。该作品与之后出版的《竞争优势》(*Competitive Advantage*)、《国家竞争优势》(*The Competitive Advantage of Nations*)组成的"竞争三部曲",构建了空前完整的竞争战略体系,成为战略学领域的经典之作。战略管理领域的重要学者亨利·明茨伯格(Henry Mintzberg)[1]在与布鲁斯·阿尔斯特兰德(Bruce Ahlstrand)合

---

[1] 亨利·明茨伯格被誉为管理领域伟大的离经叛道者,是全球知名管理思想家。他最知名的著作《管理工作的本质》奠定了其管理大师地位。该书中文简体字版已由湛庐策划、中国财政经济出版社出版。——编者注

著的《战略历程》(Strategy Safari)一书中，梳理了从20世纪60年代到21世纪初的大约半个世纪里管理学界对战略管理的重要洞察，归纳总结出了战略管理的"十大学派"[①]。

与战略类似，每一位企业家、创业者对增长的理解有所同，有所不同。增长的内涵和外延都颇为广泛，因此各学派理论层出不穷。

如前文所述，"极简增长"是从第一性原理出发，回归经营本质的理念。它将我们带回"核心客户核心需求"的原点，是一种简单到极致、可行的增长方法论。它既不同于时下流行的"躺平"论调，也不提倡回到过往那种盲目冲规模、追求快速暴富的传统老路，亦避免让企业家、创业者在经营过程中付出巨大的身心代价。**它是面向未来、更切实可行、更人性化的增长之道。**

正因为具备了上述特征，"极简增长"既是"长期主义"理念下的增长方法论，帮助企业实现更健康、更高质量的增长，又是"以人为中心"的增长方法论，致力于使企业家、创业者、高管、员工的内心更安定、更有幸福感。

---

[①] 这十大学派分别是设计学派、计划学派、定位学派、企业家学派、认识学派、学习学派、权力学派、文化学派、环境学派和结构学派。

如将"极简增长"的各个元素单独列出来,企业家、创业者可能会觉得似曾相识,但"极简增长"的底层逻辑完全不同于传统的战略规划逻辑,是专为中小企业、创业企业而生的增长方法论,是一种追求可执行、更简单高效的极简思维理念。

大企业战略规划方法论多从使命、愿景、价值观等宏大的视角切入,"大而无形"。但是,对于这类宏大、无形的话题,企业家、创业者、高管的驾驭能力普遍较弱,常常感觉力不从心。这种情况导致他们在战略规划初期就耗费了相当多的时间和精力,而在随后研讨可落地的业务和运营主题时,往往已经精疲力竭。结果,战略研讨与落地实施最后往往草草收场。

所以,传统的战略规划方法对中小企业、创业企业非常不友好,难以落地执行。原因在于,使命、愿景、价值观等宏大而无形的要素,不应作为企业战略推演的原点。即使是像雷军这样的创业"老司机",也是在小米创办的第五年,即2014年7月,才第一次明确清晰地总结了小米的使命和愿景,并在2018年对其进行了一次重大的迭代和调整。

好的开始,是成功的一半。

"极简增长"几乎从相反的视角切入,即从最容易落地实操的"核心客户与核心需求"切入，从"我（企业家/创业者）想怎样"的惯常视角转向"核心客户需要什么"的新视角。"极简增长"方法论让增长研讨从一开始就聚焦于落地实操的话题，从最核心的本质追问入手，随后通过连续而系统地追问核心问题，倒逼全公司跨层级、跨部门形成战略共识，极致化提高组织的协同一致性，高效实现企业最大限度的"降本增效"和可持续增长。这背后是一种全新而务实的极简经营哲学与方法论。

采用从"核心客户核心需求"视角出发的增长方法论，并不是对使命、愿景、价值观的意义和重要性的否定。这些要素依然是企业经营的重要组成部分，在企业经营的各个方面依然将发挥重要作用。"极简增长"是从第一性原理出发，直接追问企业存在的最本质的问题，更容易被中小企业、创业企业掌握。当企业在确定核心客户核心需求时遇到困难，或者团队之间出现分歧和争论时，你依旧可以从使命、愿景、价值观中寻找启示与线索。

当然，"极简增长"仅代表我的视角和方法论，自然有其局限性或不尽完美之处。该方法论并无以偏概全、否定其他增长理论的意图。实际上，"极简增长"在很多方面与多种经典战略理论有交集，它吸收了这些理论的精华。希望这种更简单、高效的增长方法论能为更多的中小企业、创业企业所驾驭，让作为大企业专利的"战略管理"走入更多寻常企业，并通过"天天问""人人问"将公司全员的认知和行为与公司增长、公司战略紧密地连接起来。

增长能"极简"吗？想必不少企业家、创业者、管理层内心都有这样的疑问。

我的答案是增长可以"极简"，而且我认为恰恰只有"极简"才能实现预期的增长。关于这一点，稍后将深入论述，我们先来看两个极简增长的案例。

## "极简增长"是可能的

创立于2021年8月的文生图领域创业公司Midjourney在人工智能新时代崭露头角。该公司创立时仅有11位全职员工，没有接受融资，但到了2023年，已实现超过1亿美元的营业收入（下文简称营收）。

在创立之初，Midjourney采用了一种极简而高效的配置策略。公司没有设立专门的销售和运营团队，而是将人力资源集中在产品研发上。除创始人、财务、法务各1人外，其余

8人全部担任"研发工程师"。在营销方面，Midjourney借力Discord社区的流量资源，成功获得1 000万名用户，并依靠个人声望"刷脸"获得算力支持。Midjourney把所有力量都投入到帮助人们"借助个性化创作工具提高自身创造力、放飞想象力"之上。

从Midjourney看似不可思议的发展经历中，我们可以发现，在这次AIGC时代的浪潮中，脱颖而出的企业、团队未必都是财大气粗的头部企业。因为在生成式人工智能、云计算等技术逐渐抹平大企业与中小企业之间的技术、成本差距后，各企业真正比拼的是关键人才、创意、战略与执行力。在这样的背景下，极简增长将大有可为。

**KEEP GROWING SIMPLE**
**高质量增长实践**

### 隐形冠军华大九天，小而美的EDA领军者

在中国，有一家在行业内颇具实力却鲜为人知的软件公司，是一家典型的"隐形冠军"企业。这家公司的市值高达约505亿元[1]，它就是华大九天。

华大九天（301269）成立于2009年，致力于成

---

[1] 如无特殊说明，本书中所有企业的市值数据，均为截至2024年9月30日收盘时的市值数据。

全流程、全领域、全球领先的 EDA[①] 提供商。EDA 工具软件是半导体产业链中的支柱性环节。复杂多变的国际形势迫使 EDA 加速国产化进程。面向泛半导体行业，华大九天 15 年来一直聚焦于 EDA 工具软件的开发、销售及服务，在应对中国半导体行业"卡脖子"的挑战中扮演了重要角色。

公司财报显示，截至 2023 年 6 月，华大九天的员工数量为 875 人（其中 75% 是研发技术人员），公司在国内的 EDA 市场占有率超过 50%，营收连续 5 年高速增长。相比之下，中国众多软件公司动辄上万名工程师，市场知名度颇高，但人均效益、人均创造市值均远低于华大九天。华大九天所体现的正是极简增长的力量。

这也引申出隐形冠军与极简增长的紧密关联。绝大多数隐形冠军企业都坚守和奉行极简增长，而坚守和奉行极简增长的企业有望在所聚焦的细分市场成为领导者，成为隐形冠军。

"隐形冠军之父"赫尔曼·西蒙（Hermann Simon）教授在

---

[①] EDA（Electronic Design Automation）指电子设计自动化，是一种利用计算机软件完成大规模集成电路设计、仿真、验证等流程的设计方式。EDA 软件被誉为"芯片之母"，是集成电路领域的上游基础工具，它被应用于集成电路设计、制造、封装、测试的全部环节，是集成电路产业的战略基础支柱之一。

一次采访中深入剖析了"隐形冠军"理论:"1987年,哈佛大学著名教授问我:'为什么德国人在出口方面做得如此成功?'我的第一反应是,这一定得益于梅赛德斯、宝马、西门子、巴斯夫等大型德国公司的声名在外。随着研究的深入,我意识到德国存在的大量中型'全球市场领导者'对德国的出口贡献非常大,可是,这些公司并不知名。所以,1990年我决定称它们为'隐形冠军',这个名字是故意自相矛盾的:冠军通常众所周知,而非'隐形'。隐形冠军公司包含三个标准:该公司是全球市场销售额前三名或是其所在地的冠军,收入低于50亿美元,很少为细分市场外的公众所知。

"隐形冠军占据的是经济中的利基市场。如果世界上有20 000个可分割的市场,那么,其中只有大约100个是由知名公司主导的大型市场,其余都是利基市场,这些市场都有一个全球市场领导者——隐形冠军。

"隐形冠军企业有三大支柱:成为最好的动力、专注力、全球化。首先,一定要有成为最好的动力。如何成为最好?专注!专注成就世界级的公司。如果只在一个国家的市场销售,往往是一个很小的市场,如果放在全球范围内销售,市场就变得更大。"

简约和复杂都是主观感受，并无一个放之四海而皆准的衡量标准。

**简约与复杂并不对立冲突，而是辩证统一的关系。**"阴中有阳，阳中有阴"，简约中有复杂，复杂中有简约。

极简增长并不是教条主义地否定现实经营的复杂性，也不是理想主义地认为极简主义可以一招制敌。

首先，企业经营中所谓的简单、复杂是交替出现的。企业的战略决策与执行实施，就是不断地将书从薄读到厚，从厚读回薄，再从薄读回厚的循环过程。

企业经营源自"初心"。创业时，创业者可能只有一个方向、一个愿望，此时就要通过"战略规划研讨"将书由薄读到厚，即进行充分的市场调研和各种方案的对比分析。

之后，战略规划的最终决策一定是简明扼要的，企业经营应力出一孔，此时要将书由厚读回薄。

但战略执行、实施需要几年如一日地紧抓细节，此时又要将书由薄读回厚。如果在战略规划纲领层面就非常复杂，那么，执行和落实的难度将被几何级放大。

"极简增长"首先强调在战略规划与决策层面务必"极简"，才能驾驭在战略实施和执行阶段将面临的诸多复杂和琐碎的日常工作。同时，我们期待管理者在战略实施与执行过程中尽最大努力更简单、高效地处理复杂问题。

又如，在追求卓越的企业经营实践中，客户界面的设计往往追求极致简单，为用户提供优质的体验，从而获得较高的用户满意度。但为了实现这一目标，公司内部需要构建相对完整的经营系统，包括技术、供应链、数据、隐私权等，由此构筑较高的竞争门槛。

企业经营和科技创新的终极目的都是回到为用户服务、为人类的社会发展和美好生活服务。

从这个角度来看，企业经营和科技创新的目的一定是打造让用户使用起来越来越简单和方便的产品和服务。计算机刚刚出现时，涉及复杂的编程，仅限于专业领域内的专业人士使用。如今，普通人也可以利用计算机提高工作效率、丰富生活和娱乐。ChatGPT的出现更是让人类社会进了人工智能时代。借助这类人工智能技术，即使是处理复杂工作，用户也只需输入简单的文字指令或者只需说一句话就能立即得到高质量结果。所以，高精尖科技和规模庞大的研发投入的目的，都是让人类享受创新进步带来的轻松与便利，"让用户更简单"是科技创新应用的主要方向，更是企业经营的主要目标之一。

KEEP GROWING SIMPLE
**高质量增长实践**

### 苹果公司乔纳森，让设计简单到"不存在"

当代工业设计之父乔纳森·艾夫（Jonathan Ive）曾是苹果公司"二号人物"。他的设计风格以极简著称。这主要是因为乔纳森在纽卡斯尔学院接受的教育秉持德国包豪斯学派倡导的简约原则。包豪斯学派提倡"形式追随功能"，强调去除不必要的干扰与过度装饰。在这一理念的影响下，乔纳森的作品永远秉承创新、实用、唯美、环保的极简主义设计理念。

乔纳森喜欢将一个设备的零件全部拆下来，摆放在桌子上，然后与同事一起思考如何减少零件的数量，进而减少零件间的接口。**最初的 iPhone 原型机拥有约 30 个零件接口，但经过乔纳森一件一件地进行严格的控制审核后，一体成型的 iPhone 最终仅仅只有 5 个接口。**

乔纳森曾表示："我希望这个设计是简单的，简单到让人感觉不到它的存在。"当然，达成这种简单反而是非常困难的。乔纳森对此有深刻的领悟："简洁不是把杂乱无章的东西变少或拿掉，而是要挖掘复杂性的深度。你必须深刻地把握精髓，从而判断出哪些不重要的是可以拿掉的。"

## 只有"极简"才可能实现增长

极简增长源自对时间有限性、资源有限性的尊重与敬畏。同时，中国正在从高速增长转向中低速增长，从增量经济转向存量经济，正在进入宏观总量增长有限性的新常态。

时间、资源、宏观总量增长三重"有限性"的叠加与交织，使得中国企业经营难度直线上升，企业家、创业者正在面临前所未有的经营挑战。在宏观总量低增长的新常态下，众多企业家、创业者往往非常迷茫和困惑：企业到底该如何实现增长呢？企业还能活下去吗？能活得好吗？

"人这一辈子太短了，短到荒唐，短到可怕，短到没礼貌。"奥利弗·伯克曼（Oliver Burkeman）在《四千周》（*Four Thousand Weeks*）的开篇写道。

"人生只有四千周"这个说法让人震撼,而企业生存期更短。美国中小企业的平均寿命为 8 年左右,中国中小企业的平均寿命为 3 年左右[①](约 150 周)。跨越 10 年经营周期的企业少之又少,而且会越来越少。"10 年"意味着企业也仅能生存 520 周。

各位企业家、创业者在面对如此残酷、短到可怕的生存周期时,到底该做什么?该做怎样的战略规划?怎样才能实现增长呢?

"什么都做"的习惯,只会让企业衰亡得更快,让本已短得可怕的生存周期进一步被缩短。"折腾创新"不是问题,但像无头苍蝇一样乱打乱撞,最终导致多数企业只能生存约 150 周。

企业家、创业者不仅要接纳人生的时间有限性,还要面对企业经营的时间有限性,与此同时,还要面对资源的有限性。人才、技术、资金、客户、渠道等企业经营所需资源是有限

---

① 2018 年 6 月 14 日,在第十届陆家嘴金融论坛上,时任中国人民银行行长易纲在谈论金融如何支持中小微企业时,列举数据称:"美国的中小企业的平均寿命为 8 年左右,日本中小企业的平均寿命为 12 年,我国中小企业的平均寿命为 3 年左右。"

的，商场如战场，如何获取甚至抢夺有限的资源？如何在资源有限的前提下生存和发展？在时间、资源、宏观总量增长三重有限性下，企业经营面临的挑战日益增加，企业家和创业者内心的焦虑和压力可想而知。

有太多企业家和创业者在不经意间会"以战术层面的勤奋掩盖战略层面的懒惰"，沉迷于"勤奋地多做事"。这样虽然短暂回避了战略取舍时面临的抉择痛苦，但随即会陷入"效率陷阱"。"做正确的事"比"正确地做事"重要得多。

中国正在进入中低速增长期，闭着眼睛赚钱的时代一去不复返了。在中国经济高速增长的年代，遍地都是机会，"插根扁担就开花"。当时，普遍性增长是主旋律，这让中国企业家、创业者自认为自己几乎无所不能。但如今，瞪大眼睛都不易赚钱。此时，面对时间、资源、宏观总量增长三重有限性，市场已经由"普涨"转向"K型分化"，一部分企业的高增长往往意味着另一部分企业在被无情地淘汰或被边缘化。

在中国，有相当多的企业家、创业者的思维模式和行为习惯还停留在普遍性高增长时代，并且常常幻想能回到过去的好时光，因此对上述三重有限性认识严重不足。这就导致了他们一方面内心充满了煎熬和迷茫，另一方面在企业战略抉择中屡屡做出错误的判断，从而加速了企业的衰败。

很多企业存在各种各样的问题：不聚焦，精力发散，企业未大先老，未规模化先复杂化，多线作战，经营粗放、各自为政，部门"竖井"效应明显，合力少，内部冲突多，频频"错配"，组织臃肿，内耗严重。

所以，**理性面对时间、资源、宏观总量增长三重有限性，想要持续高质量增长，就只能采用极简的策略**。因为在复杂多变的商业世界中，唯有极简才能保持清晰的方向，才能顺利实现战略落地，否则最终只能以失败告终。

为什么推行"极简增长"并不容易？

相当多的企业家和创业者发自内心地赞同不应将简单问题复杂化。但是，理想很丰满，现实很残酷。实际上，企业家、创业者时常要面临复杂性陷阱的艰巨挑战，要与自己和团队的人性和惯性顽强地抗争。

《极简法则》一书对复杂性陷阱做出了深刻、形象、精彩的描述："经理人们偏爱复杂或习惯于复杂，将其视作发展的唯一途径。当企业有扩张的雄心壮志，或当销售业绩不佳时，默认采用的模式都是增加复杂性,即更多的解决方案、更多的产品和客户、更多的定制服务、更多的细分市场和更多样的活动。"

是不是感觉相当熟悉?管理者们总是对"新兴事物"抱有期待。

设计复杂产品的人并不只是为了复杂而复杂。他们深陷这样的假设无法自拔:只要业绩可以继续提高,产品或业务系统变得越来越复杂也没关系。

习惯于只通过增加复杂性来取得进步的经理们,往往把开发更简单的产品视作一种倒退。

还有一个误区,"聪明"的管理者往往本能地青睐更复杂的事物。

为什么从"复杂"转向"极简"或者走向"聚焦"非常艰难和具有挑战性?

因为"变革初期负效应"将极大地增加重大变革的现实难度,而推行"极简增长"本质上是一场重大变革。极简增长道理简单明了，但最终手起刀落、化繁为简时，需要管理者有"壮士断腕"的决心，战胜自我、战胜人性。

"不可胜在己。"孙武在《孙子兵法》中早已洞悉了阻碍人们取胜的关键点。

扩大战线、不再聚焦，在短期内可能会带来营收的增长，但这很有可能以牺牲长期营收或经营质量为代价。

如果你坚持聚焦，那么短期内的营收可能会下降或者增长缓慢，但长期营收或经营质量大概率会增长。这是聚焦或极简增长难以实施的重要原因。

即使长期效应十分明显，也没有人愿意放弃当下的增长。采取"什么都做"的战略在短期内可能会带来收入或利润的提升，或至少让你看到希望。

你可以轻松地告诉自己和团队，你为企业增长付出了最大的努力，但在几年后，你会看到为此付出的惨痛代价。人们总是一而再、再而三地在这个问题上栽跟头。

因此，极简增长需要战胜自我、战胜人性，这不仅需要明晰的思辨能力，更要抵挡住无数次的诱惑。道不坚定，术则摇摆。

## KEEP GROWING SIMPLE
### 高质量增长实践

**微信张小龙，让商业化存在于无形之中**

我们几乎每天在使用的"微信"就是一个战胜自我与战胜人性的典型案例。2021年1月21日，在微信诞生十周年的演讲中，微信创始人张小龙总结道：

微信十年，如果非要用两个词来描述微信，我想一个是连接，一个是简单。

我用简单来作为美观、实用、合理、优雅的代名词。简单是很美的。从一个物理公式到一个日常用品，往往简单的是更好的。实现同样一个目标，有一千种方法，但只有最简单的方法是最美的。正是因为有一千种方法存在，所以要真正做到简单是很难的。

以前在饭否，看到很多产品越做越复杂，我吐槽说，'一个产品，要加多少功能，才能成为一个垃圾产品啊！'不是说加功能会让产品变得不好，问题在于加了不必要的功能,或者加功能的方式不对。

10年来,微信加了很多功能。我很庆幸的是,现在的微信,还几乎和10年前的微信一样简单。虽然比10年前多了非常多功能,但这些功能,都已经是用的最简单的办法了,所以增加的复杂度会小。

简单才会好用。特别是一个产品有10亿人在用的时候。

深受乔布斯极简产品观影响的张小龙,认为"极简方不被超越",所以他一直追求极简。"复杂的社交,要抽象为基础的脉络,做不到这一点,整个产品或功能就会异常复杂。"

2016年,张小龙提出了微信的四个价值观[1]:一切以用户价值为依归,让创造发挥价值,好的产品应该是用完即走的,让商业化存在于无形之中。

微信发展了近14年依旧保持早期的极简风设计界面,后期衍生的功能,如小程序、视频号、看一看、微信支付等,都是以组合插件的形式融入其中,以不影响用户体验为前提,并且用户用的时候才会看到,用户用完即走。

---

[1] 2016微信公开课PRO版现场首次公开演讲。

正是因为深刻认识到了推行"极简增长"并不容易，我们才能心怀敬畏，摒除快速成功的成功学妄念，克服各种诱惑和惯性，以长期主义思想将极简增长贯彻到底，进而将之作为一种经营价值观，一种经营哲学。

# KEEP GROWING SIMPLE

## 02

## 为什么企业迫切需要
## 实践"极简增长"

未来的胜利是极简的胜利。如果我们能做到极简,这世界还有谁能打赢我们?极简是对准客户的,留给自己的是极其复杂的。

——任正非,华为创始人

无法驾驭的复杂性
甚至会令一个文明、一个帝国崩溃，
更别提一家企业了。

KEEP GROWING SIMPLE

2008年,任正非在华为的上海研究所听取华为无线业务汇报时讲道:

> 未来的胜利是极简的胜利。如果我们能做到极简,这世界还有谁能打赢我们?极简是对准客户的,留给自己的是极其复杂的,而现在电子技术、芯片技术、计算技术等各种新技术已经能够把复杂问题简单化、智能化。未来我们要做到极简的网络、极简的商业模式、极简的组织结构、极简的流程,什么都极简,就是收入极多。

我们正处在一个极度复杂的世界,处于信息大爆炸时代,处于科学大爆炸的产业剧变前夜,正在从高速增长的增量经济转向中低速增长的存量经济时代,"人心"(员工/客户/伙伴)

日益焦虑与复杂。在外部世界和员工内心都处于极度复杂的环境下，只有在战略设计层面力出一孔，形成合力，"以极简应对极复杂"，才有可能在如此内卷的残酷竞争中走出一条生存发展之路。

## 复杂性是导致企业衰败的"隐形杀手"

约瑟夫·泰恩特（Joseph A. Tainter）在《复杂社会的崩溃》（*The Collapse of Complex Societies*）中指出："复杂化一般是指一个社会的规模、其组成部分的数量和特点、其整合的特殊社会功能的多样性、其拥有的独特社会人格的数量及其多样性以及社会功能整体凝聚机制的多样性。这些方面任何尺度的增加都标志着社会复杂化的增加。相比之下，原始狩猎社会只包含几十种独特的社会人格，现代欧洲通过人口普查已识别出高达1万～2万种不同的职业角色，而工业社会可能包含100多万种类别不同的社会人格。"

企业家、创业者不仅要面临企业内部每一位员工的类别不同的社会人格[1]，而且要面对众多客户、供应商、合作伙伴、

---

[1] 社会人格是指个体在社交中表现出的一种特定的个性特征。社会人格的形成是多种因素共同作用的结果，包括遗传、环境、教育、文化等。

竞争对手纷繁复杂的社会人格,所以经常处于"剪不断,理还乱"的复杂状态。

我们在中关村开会时经常半开玩笑地说:"知识分子开会,每个人都想法多。清华人开会,八个人,有八种想法,北大人开会,八个人有九种想法,因为有一个专家自己就有两种想法。"

想想泰恩特所说的100多万种社会人格,各位企业家、创业者就知道为什么"队伍真是越来越难带了"。

当今社会正在进入复杂化状态,百年未有之大变局更是令当今复杂社会的复杂性呈指数型增长。此时此刻,为了增加销售或坚持下去,每个行业、每家企业都在变得越来越复杂,太多的产品也变得越来越复杂,让消费者经常会"怀疑人生"。咨询顾问在PPT里写的字也越来越多、越来越小,老板都快得"密集恐惧症"了。

**无法驾驭的复杂性甚至会令一个文明、一个帝国崩溃,更别提一家企业了。**

在存量经济时代,不再是遍地黄金、遍地机会,在这样的背景下，每位企业家、创业者都在绞尽脑汁地进行"降本增效"。企业只有坚定地推行极简增长方法论，才能轻装上阵，对抗复杂性带来的"熵增"效应（在没有外力的约束下，熵增过程是一个自发的由有序向无序发展的过程）。

一家美国战略咨询公司在调研了众多公司后，得出了一个非常令人震惊的结论："在某些公司，员工95%的日常工作与公司战略无关。"

尽管对95%这一数字可能存在争议，但在众多企业中，员工50%的工作未能聚焦于"核心客户核心需求的核心产品和核心销售系统"是极有可能发生的。这导致了巨大的浪费与"错配"，极大地消耗了企业的现金流和利润。

因此，**复杂性是导致企业衰败的"隐形杀手"，在不知不觉中就将企业拉入泥沼。**

英伟达创始人黄仁勋在21年前曾经有一段关于"简单"的忠告，今日听来对企业家和创业者仍具有现实意义：

拥有完美执行的简单想法，有时比浮现出一个宏伟的想法更好。因为你的公司可以执行这个想法。当你变成一家大公司并且想做复杂的事情时,最明智的做法就是保持简单!

诸多想法浮出水面,很多人问我为什么要这么做?我的工程师也会问我,为什么不添加这个功能?我想说,这并不代表我们没有能力去实现这些想法,只是因为我们不需要在一夜之间改变世界,而是要在接下来的50年里改变世界。

我不需要在一夜之间做出一款"杀手级"产品,我只需要打造一个成功的产品,成功的目的是可以让你再来一次。

这有点像弹球游戏,如果你打得足够好,好到能再打一场,你就能玩很长时间。

大多数公司需要意识到,这其实是一条漫长的道路,你不可能制造出完美的产品。

所以,一旦你想做某个项目时,就需要限制项目的范围,保持项目的简单,同时要眼光长远。你完美地执行了那个计划,因为你的员工现在能完美地执行一个简单的计划了。这样,你就可以回来再做一次。

简单、可执行,你才能留在牌桌上再打一局,直到你改变了世界。

## 简单性是解决复杂问题的关键

"简单性是解决复杂问题的关键。"计算机科学领域的著名专家丹尼斯·里奇(Dennis M. Ritchie)曾表达这一颇有哲理的观点。"简化"已经成为突破众多产业或商业难题的捷径之一。

**"简化"或许恰恰是在复杂时代实现科技与产业突破的首要方法。**

科技创新进入瓶颈,往往是因为原有技术路线已被运用到了极致,并且复杂到了极致,无法再实现用户期待的有效突破。这时,科技创新的重要方向之一,甚至是颠覆式创新方向之一就是"简单"。这种思维正是马斯克推崇的第一性原理,当遇到复杂棘手的问题时,回到事物的本质,从问题的原点探索解决方案。

KEEP GROWING SIMPLE
**高质量增长实践**

### 特斯拉的一体化压铸技术,将制造成本降低20%

汽车的生产制造经过100多年发展,已成为人类工业制造的集大成之作。但同时，传统汽车制造流程和生产工艺极其复杂，涉及超过 1 万个零部件。

然而现在，传统汽车制造的复杂工序已被革命性地简化。仅需不到两分钟，伴随着重达 410 吨的巨型机械发出的轰鸣，传统汽车生产所需冲压焊装的 70 多个零部件被合而为一，实现一体化压铸成型。这就是特斯拉驰名业内的一体化压铸技术。据内部人士透露，使用一体化压铸技术后，车身系统的重量可以减少超过 10%。同时，得益于优化的结构设计以及材料的高效循环利用，车的后底板总成系统采用一体化压铸方式后，成本大大降低，一体化铸造技术将给 Model Y 车型节省 20% 的制造成本。

当既有的复杂工艺已经无法实现复杂的构件加工时，我们不妨回到原点，因为再复杂的三维构件也是由二维平面叠加组成的，也可以把它看成一个一个的二维切片。正是在这一理念的启发下，3D 打印技术出现了，它通过逐层精确打印叠加，为复杂问题找到了新的解决路径。

当半导体工艺达到物理极限，已经无法在微小的芯片上堆叠更多晶体管时，我们应该从第一性原理出发思考：我们需要的是算力的提升，而不是晶体管数量的增加，那能不能做到不用晶体管也能满足对算力的需求呢？于是，量子计算出现了。

虽然这些科技创新尚未成熟，但它们终究一天将突破现有的瓶颈，突破束缚，迎来曙光。**只有回到原点，化繁为简，才有望实现更高维的突破。**商业如此，生命如此，科技也是如此，简单性是解决复杂问题的关键。

## 简单性是扭转战局的"手筋"

在企业经营中，绝大部分管理者认同"战略就是做取舍"的观点，但当面对各种所谓机遇和市场带来的诱惑时，当面临增长压力时，抑或是亟须找到转型的出路时，又难免陷入"成年人当然是全都要"的怪圈，进而导致在资源分散的情况下错失良机。

在面对未知和不确定性时，人的本能是"通过多选增加胜率"，而这恰恰是个陷阱！多选的本质是"放弃深入的思考"，把命运托付给"运气"，但"持久的好运气"几乎不存在。

"手筋"是围棋中的"关键妙手"。选择简单性，就是选择"更深入思考，抓主要矛盾，完成主要任务"，这反而是扭转战局的"手筋"。

1946年，解放战争初期，面对在装备、人员数量、军事素质上有一定优势的国民党军队，毛主席用《集中优势兵力，各个歼灭敌人》明确了我军的主要作战方法，就是"集中绝对优势兵力，即集中六倍、五倍、四倍于敌，至少也是三倍于敌的兵力，并集中全部或大部的炮兵，从敌军诸阵地中，选择较弱的一点（不是两点），猛烈地攻击之，务期必克。得手后，迅速扩张战果，各个歼灭该敌"。①

毛主席敏锐地洞察到，如果分散兵力，则我军处于劣势，不能"全歼"敌军，就难以真正削弱敌人；如果不能"快速决胜"，歼灭敌人，待敌军的增援赶到，我军就会陷入腹背受敌的困境。而要做到"全歼"和"速决"，则"集中数倍于敌人的兵力，攻击敌人较弱的一点"，就是唯一选项！按照这一原则，西北人民解放区以不足3万人的兵力，与多达10倍于自身的国民党军队周旋，三战三捷，消灭国民党军1.4万多人。

"集中优势兵力，各个歼灭敌人"这一原则简洁易懂。而该原则的提出，却是对"当时形势、敌我优劣势"进行深刻、动态的分析的结果，更是抓住主要矛盾——消灭敌人有生力量、解决主要矛盾的解决方案。

---

① 《毛泽东选集》第四卷，人民出版社1991年6月第2版，第1 198页。

商场如战场，多数创业者面临的主要矛盾恰恰是"不断闪现的新想法、新目标"与"公司资源与能力"之间的矛盾。而通过聚焦极简增长方法论，倒逼创业者围绕核心客户的核心需求，反而更有可能赢得商业战场上的胜利！

"集中优势兵力，各个歼灭敌人"的战争思想，是现代企业战略管理的思想宝藏，值得企业家、创业者研究与学习。这一思想也缔造了华为的成功，使它不断创造以弱胜强的商业奇迹，完成从"远远落后"到如今"遥遥领先"的转变。这一思想在华为被称作"压强原则"。

**KEEP GROWING SIMPLE**
**高质量增长实践**

### "压强原则"，倒逼华为做除法和减法

今天的华为是一家年营收达万亿级的巨型公司，华为当下的战略、战术对中小企业来说可借鉴之处可能较少，对企业家、创业者而言，了解如今的华为，更大的意义在于开阔眼界、活跃思维。但是，华为在早期、困难期采取的战略和战术，对中小型企业而言却是一座知识宝库。强烈建议企业家、创业者学习和借鉴华为早期、困难期的战略和决策。此外，对其他超大型企业进行研究与学习时，

也应更多关注其早期发展阶段。

1998年3月华为通过的《华为基本法》第二十三条云:"我们坚持'压强原则',在成功关键因素和选定的战略生长点上,以超过主要竞争对手的强度配置资源,要么不做,要做,就极大地集中人力、物力和财力,实现重点突破。"

"压强原则"帮助早期的华为克服资源的局限,在产品开发和市场端不断破局。1995年,华为年营收约3亿美元,爱立信年营收近300亿美元,双方相差百倍。面临这样严峻的形势,企业怎么竞争?华为依靠压强原则,把有限的资源集中到更少的选择上,把整体的规模劣势、资源劣势转化为局部的、点上的投入强度的优势。先在点上突破,然后再去深入和拓展。直到今天,这仍然是华为的核心战略。

从代理商到制造商,华为倾尽之前的所有利润与人力,研发出在当时市场上交换容量最大的BH-03交换机。面对激烈的竞争,华为从几十个并行的项目中,选择将最优势的兵力全部投入万门机项目,领先对手数月开发出C&C08万门机,实现了从追赶者到领先者的转变。

"压强原则"倒逼华为"做除法和减法"。华为的所有业务线会按照优先级进行排序,排名第一的业务线投入5倍以上的压强,排名第二、第三就只投入3倍、2倍的压强，排名更靠后的业务就"暂时不做"。

"压强原则"与"极简"是硬币的两面。方向繁多、思绪纷繁，往往是对"决战"缺乏信心，为"失败"留下退路，而"压强原则"讲求的是"一力降十会"的"雷霆万钧"，是极简增长带来的一往无前。在创新创业的道路上，这恰恰能扭转中小企业、创业公司资源匮乏的劣势，实现"以弱胜强"。

# KEEP GROWING SIMPLE

第二部分

## "极简增长"的顶层设计

KEEP GROWING
SIMPLE

## 03

## 增长方法论的本质：
## 四大灵魂追问

诺和诺德历任首席执行官都带领公司保持专注，确保在糖尿病治疗领域的领先地位。因为，专注力就是竞争力。

——周赋德，诺和诺德全球首席执行官

核心客户到底是谁（一米宽）？
核心客户的核心需求到底是什么（一百米深）？
用什么核心产品（爆品）满足核心客户的核心需求？
核心产品的核心销售系统是什么？

KEEP GROWING SIMPLE

关于增长，可能每一位企业家、创业者、经理人的理解和表述不尽相同，但是当我们回归事物的第一性原理，会发现增长方法论本质上是要清楚地回答四大核心问题，这也是极简增长的顶层设计：

- 核心客户到底是谁（一米宽）？
- 核心客户的核心需求到底是什么（一百米深）？
- 用什么核心产品（爆品）满足核心客户的核心需求？
- 核心产品的核心销售系统是什么？

这四大问题堪称企业增长的灵魂追问，我将其称为"**盛景天问**"。

每个企业的每个员工，如果能每天追问自己的工作与行为是否围绕这四大核心问题开展，就能革命性地"降本增效"，根本性地减少经营中的巨大浪费和"错配"。因此，这四个问题也应该"天天问""人人问"。

**极简增长就是基于这四大灵魂追问，紧抓问题的本质构建而成的。**

中国经济增长正在从高速增长转向中低速增长，社会上出现了唱衰的声音，企业家、创业者出现了焦虑心理或畏难情绪，对未来缺乏信心。但实际上，以中国如此庞大的经济体量，每年保持约5%的增长率，依然是推动全球经济增长的最强大引擎，这是中国经济的基本盘。同时，在K型分化趋势下，中国经济仍存在巨大的结构性增长机会。

为什么企业家、创业者信心不足了？背后的原因是中国经济增长的逻辑发生了变化，倒逼企业的增长模式发生变化。"降本增效"的道理所有人都明白，但到底该怎样实现呢？

**为何极简增长是存量经济时代的增长之道呢？** 为何极简增长是每一家企业"降本增效"的最佳解决方案呢？为何企业家、创业者只有掌握"极简增长"并将之贯彻在企业之中，才能真正重建信心、重新实现增长呢？

在读完本章后，相信各位企业家、创业者在如此之"卷"的时代里，内心会安定下来，并发现自己已经找到了企业增长的钥匙。

让我们先从丹麦的诺和诺德开始极简增长的探索之旅吧。

KEEP GROWING
SIMPLE
**高质量增长实践**

### 诺和诺德，百年聚焦，终成王者

诺和诺德是典型的"百年聚焦企业"，是糖尿病治疗领域当之无愧的全球王者。诺和诺德2023年财报显示，公司2023年度收入约为2 415亿人民币，同比增长31%，净利润约870亿人民币，同比增长高达51%。

2023年9月1日，诺和诺德收盘市值超过法国奢侈品巨头LVMH，成为欧洲市值最高的公司。2024年9月30日，诺和诺德市值达到5 300亿美元（约合3.71万亿人民币），远远超过贵州茅台（600519）当天2.20万亿人民币的市值。

诺和诺德的全球市场份额在持续增加，其 GLP-1[①] 市场占有率达 54.8%，胰岛素市场占有率约 44%，糖尿病综合市场占有率达 33.8%。

2023 年，诺和诺德成立 100 周年。回望诺和诺德从 100 年前一个小小的实验室蜕变成全球糖尿病治疗领域王者的发展历程，一方面让人感概其百年奋斗的峥嵘岁月，另一方面也让我们看到诺和诺德对极简增长的四大灵魂追问清晰而坚定的实践。

核心客户是谁？诺和诺德 100 年来的核心客户是糖尿病患者。

核心需求是什么？控制甚至治愈糖尿病。战胜糖尿病也是诺和诺德 100 年前的初心。

核心产品是什么？糖尿病治疗药物。之前糖尿病的治疗主要依靠胰岛素，自 2010 年以来，随着 GLP-1 类药物的问世，糖尿病治疗的版图开始发生变化。2020 年，GLP-1 第一款产品利拉鲁肽问市，到 2022 年，GLP-1 类药物的销量首次超过胰岛素。

诺和诺德的核心产品一直都是糖尿病治疗药物：诺和诺德重点产品一共 18 款，其中包括胰岛素和 GLP-1 类药物在内的 10 款产品在 2017—2023 年贡献的收入占

---

① GLP-1（glucagon-like peptide-1）全称为胰高血糖素样肽-1，有调节血糖的作用。——编者注

比从未低于 74%。

核心销售系统是什么？以诺和诺德全球第二大市场——中国市场（仅次于美国）为例，诺和诺德的核心销售系统可概括为"直销+生态"系统。与众多药企采用的以分销为主的模式不同，诺和诺德通过采用直销方式和广泛构建上下游伙伴在内的产业联盟，与医生建立紧密的联系，与他们分享产品的临床信息。这些信息有助于医生做出决策。同时，诺和诺德与支付方——可能是公共卫生系统或者保险公司深入互动。

诺和诺德全球总裁兼首席执行官周赋德（Lars Fruergaard Jørgensen）表示："'以患者为中心''改变糖尿病'的理念根植在我们每个诺和诺德人的DNA中。这也是我们坚持只做一件事——'改变糖尿病'的使命感所在。诺和诺德历任首席执行官都带领公司保持专注，确保在糖尿病治疗领域的领先地位。因为，专注力就是竞争力。"

正是因为百年坚持聚焦糖尿病领域，持续创新和成长，诺和诺德成为细分市场的王者，成长为一家巨型企业。所以，"聚焦"并非无法成长为一家大企业，当然，这需要你选择一个规模较大的全球市场。

而老天爷也眷顾像诺和诺德这样的采用聚焦战略的企业。诺和诺德治疗糖尿病的药物经过延展后成功进入减肥市场。公司顺势成功开拓了第二曲线，火爆出圈，近两年市值飙涨。

诺和诺德的第二曲线创新和增长目前主要来自GLP-1。第一次创新是面向原有核心客户（糖尿病患者）提供了"新"的核心产品GLP-1；第二次创新则是将原有核心产品改造后面向"新"的核心客户：减肥人士，这是一个更为庞大的群体。依托于全球减肥药的庞大市场，诺和诺德与礼来制药都将有望冲击万亿美元市值。

诺和诺德的传奇还在继续，这个案例可以给读者带来更多思考与启示：

- "极简增长"所坚守的归核、聚焦，并不会影响你有朝一日成长为"巨头"，少即是多。
- "极简增长"对四大核心抉择的追问和坚守，并不会影响或阻碍持续创新。
- "极简增长"是很多伟大企业或优秀企业成长和竞争的"核武器"，威力巨大。

"极简增长"证明了相比于广撒网，"专注做好一件大事"更有可能创造巨大的经济价值和社会价值。对诺和诺德而言，这是传承百年使命，也是为未来世代创造更健康的世界做出的承诺。

接下来，让我们详细讲述极简增长四大灵魂追问的体系化构建。

## 追问之一：核心客户到底是谁

面对时间、资源、宏观总量增长三重有限性的叠加交织，极简增长从聚焦核心客户入手。这是这一方法论符合第一性原理的重要体现。过去的企业战略制定更多采用的是"我想做什么？我们的企业想做什么"这类自我视角，而忽略了"企业以满足客户需求而存在"的初心或本源，所以经常会做出舍本逐末、本末倒置的错误决策，导致战略规划往往以失败告终。由此，"战略规划"甚至成了贬义词。

从第一性原理出发，战略的起点应该是"我们的核心客户是谁，核心客户的核心需求是什么"。这是思维与决策视角的彻底转变。从来没有人认为客户和需求不重要，但在制定战略时，却几乎没有企业采用客户视角。我相信，不会有企业家或创业者反对决策视角的这一转变，但要真正做到，需要思维理念的彻底转变，需要企业经营哲学和价值观的重构，需要全员形成共识和共同转变，甚至需要外部顾问专家如唐僧般喋喋不休地纠正与辅导。

只有经过数年的深入实践，企业才能从以"自我视角"经营企业与制定战略转向以"客户视角"经营企业与制定战略。大多数人不会反对这一转变，但它与多数企业过往的经营习惯恰恰相反，因此，真正做到的企业并不多。

**越来越多的中国企业陷入经营困难的核心原因是什么？**

在过去，中国经济发展的早期，企业依靠"信息不对称"盈利，因此，"客户导向"往往只是挂在嘴边的空话，企业采取的策略甚至时常与"客户导向"在本质上相悖。

但在中国经济进入中低速增长期后，信息不对称的情况已经不存在。过去，"买的不如卖的精"，而今天，当消费者货比 $N$ 家时，可谓"卖的没有买的精"。

所以，**企业家和创业者必须学会在"信息对称"的情形下仍能赢得客户认可、仍能盈利**。这时，"客户至上"就必须从空话转变为企业的基本功和生存基础。

## "以客户为中心"不应再是摆设

过去 30 年，中国经济高速增长，在这个时代成长起来的企业习惯于竞争战略，即对标竞争对手进行产品或策略的调整，我称之为**战略思维 1.0**。竞争战略得以成立，往往是因为你和竞争对手满足了同一客户的同一需求或近似需求，当市场高速增长时，客户和需求都在持续增长，市场参与者都可以分享市场增长的红利，因此，竞争战略思维曾经是奏效的。

但是，今天中国经济已从高速增长转入中低速增长，有限的宏观总量增长意味着同一客户的同一需求往往已经被充分甚至过度满足，大量企业陷入同质化竞争，收入利润增长停滞，企业将面临越来越严峻的生存危机。

为何中国企业的"内卷"极为严重？为何欧美日国家企业的"内卷"似乎并不严重？为何中国企业最近四五年开始普遍抱怨"内卷"越来激烈？

"内卷"源自中国企业间极为严重的"同质化竞争"，这在经济高速增长时并不会带来太大影响，因为大家都有肉吃。但近年来经济增长转入中低速增长，"浮在表面的、好赚的钱"被赚走了，此时企业家和创业者就感受到了"内卷"之痛。

如何跳出"内卷"？如何规避恶性的同质化竞争？要解决此类问题，就要建立新的增长战略思维，**即战略思维 2.0，**也就是建立"以客户为中心"的增长战略思维，把目光从竞争对手转向为客户提供独特的价值，开创"无人竞争"的市场空间。

在华为创业早期，任正非就经常对员工说："你们要对客户好，没有客户我们就饿死了，客户好华为就好，华为好你们就好。"1998 年，华为将这种朴素的认知和生存经验写进了《华为基本法》。2010 年，华为正式提出"以客户为中心"的核心价值观，成就客户就是成就我们自己。

"以客户为中心，不是以技术为中心，就必须从客户需求和体验开始，然后反向去寻找技术和产品解决方案；更不是以领导者为中心，而是屁股对着领导、眼睛盯着客户。"这就是任正非对"以客户为中心"的深刻理解。

亚马逊的六大核心价值观的第一条就是"顾客至上"："领导者要优先考虑顾客，然后再安排其他工作。作为领导者要努力工作，以赢得顾客的信任。"

虽然几乎所有知名企业都提到了"以客户为中心"，但"以客户为中心"不应只是被贴在墙上，而是要落到实处，要成为企业一切决策的标准和最高行动指南。

企业家或创业者只要把主战场从"满足相同客户的相同需求"转向"满足相同客户的不同核心需求"、满足"不同客户的核心需求",就会逃离恶性的同质化竞争,"内卷"的压力瞬间就会减轻。

而那些宣称满足 $N$ 种客户 $N$ 种需求的"散打型企业"或者多元化企业,必将越活越艰难,最终被边缘化。中国企业过去喜欢的"地缘多元化"日渐式微,而"专业全球化"正在推动中国企业迈向全球化 2.0 时代,迎来历史性的、超长周期的大机遇。

所谓"地缘多元化",是指在中国或者在某个地区涉足 $N$ 个行业或领域,这曾经是"首富们"热衷的控股型扩张模式。近年来,众多"首富"的铩羽而归已经给这种扩张模式画上了句号。但以参股或有限合伙人(LP)形式参与科技创新项目投资的不在此列。在这种情况下,企业家或家族投资者扮演的是小股东的角色,他们无须花费精力管理企业或基金,因为有专业管理人和优秀创业者全职负责管理。这将是企业家未来家族财富配置的主要模式。

从企业主营业务增长的角度来看,"专业全球化"方兴未艾,具有全球化能力的企业如今是风险投资(VC)眼中的香饽饽。在"专业全球化"时代,中国的外贸行业将被重塑,不仅针对过去的中低端消费品,更将面向高端科技消费品、高精尖设备等进行全面升级。高端专业服务(如医疗 CRO[①] 等)也将实现全球化。近年来,中国医疗企业 license-out(海外授权)模式[②]的突飞猛进亦是其中一个典型的缩影,2023 年,中国在生物制药授权领域已经成为净出口国。

**聚焦核心客户,成为细分市场领军者**

以客户为中心,很多企业认为"来的都是客",你只要肯来,就都是我的客户。但"来者都是客",不能"舍",也就无法"取",难以形成核心竞争力,往往导致贻误战机。

---

[①] CRO(Contract Research Organization)指合同研究组织,是专门提供医药研发外包服务的组织。——编者注
[②] License-out 模式是指企业进行药物的早期研发,然后通过授权协议将项目转让给其他药企做后期临床研发和上市销售工作。这种模式允许原企业通过达成里程碑式协议,获得各阶段临床成果以及商业化后的一定比例的销售分成。作为高新技术的代表性产业,中国本土药企对海外授权连创新高,2023 年交易数量达到 105 起,交易总金额达到 421.19 亿美元,约为 2021 年的 3 倍。传奇、诚益、昂胜、普米斯、百利天恒、翰森、宜联等企业都实现了超过 10 亿美元的海外授权,诚益生物则以单笔 20.1 亿美元的总交易金额拿下出口海外榜单第一名。

有个寓言《贾二卖杏》：话说贾二在街边卖杏，一个老婆婆问杏是酸的还是甜的，贾二说"很甜"，老婆婆很失望地走了，说"儿媳妇怀孕想吃酸的"。一个老大爷过来问杏是酸的还是甜的，贾二立刻改口"很酸"，老大爷也很失望地走了，说"牙口不好，想吃甜的"。终于又来一个推车大汉，问杏是酸的还是甜的，贾二只好又改口说"又酸又甜"，大汉不爽，说"要么酸，要么甜，我不喜欢杂味"。

"舍得"，有舍，方有得。

只有敢于舍弃某些客户，敢于聚焦核心客户，才是战略制定的真正开始，才有可能赢得竞争优势，才有机会成为细分市场的领军者。不能聚焦核心客户，就无法探知核心客户的真正需求、核心需求，试图满足所有人，但其实谁的需求都满足不了，也自然无法获得订单与增长。

KEEP GROWING SIMPLE
**高质量增长实践**

### 福耀玻璃：高度聚焦成就汽车玻璃行业全球市占率第一

20世纪80年代初，福耀玻璃（600660）创始人曹德旺看到了汽车玻璃市场的潜力。当时，汽车玻璃作为关键的汽车零部件，100%依靠进口，价格昂贵。于是，曹德旺决定从原来的"水表玻璃"市场全面转型，进入"汽车玻璃"市场。在玻璃市场中，既有多如牛毛的中小竞争者，也有全球四大玻璃巨头——旭硝子、板硝子、圣戈班、加迪安。在这种情况下，福耀玻璃毅然放弃了建筑、平板等玻璃市场，选择把汽车厂商作为核心客户，几十年如一日聚焦于汽车玻璃市场。

福耀玻璃一方面凭借原料采购和生产制造的规模优势，满足了汽车厂商更低采购成本的"刚需"；另一方面，每年在研发上的投入为营收的4%。凭借远超国际级竞争对手的研发投入，福耀玻璃开发了隔音玻璃、HUD（抬头显示）玻璃、可加热玻璃、全景天窗、太阳能天窗、玻璃天线等。并且，在汽车智能化浪潮的背景下，更好地满足了消费者的乘车驾车体验，提升了乘车安全性，这就是在扎扎实实地帮助核心客户（汽车厂商）取得更大的成功。

高度的专注与聚焦让福耀玻璃一骑绝尘，在汽车玻璃行业的市场占有率位居第一：在全球市场占有率超过30%，在国内的市场占有率超过65%，毛利率第一，营收从1993年的1.69亿元增长至2023年的331.61亿元，30年累计增长约196倍，归母净利润相应地从6 400万元增至56.29亿元，30年累计增长约88倍。福耀玻璃的当前市值为 1 519 亿元。

福耀玻璃还有一个被广为称道的是它超高的分红率：连续派现 14 年，分红总额达 255.7 亿元，远超 A 股市场的融资总额 8.25 亿元，历年来累计分红与融资额之比高达 3 097.63%，这在 A 股上市公司中极为少见。这说明福耀玻璃的净利润是真金白银、实实在在的"真利润"。

正如其创始人曹德旺所说："太阳如此高的辐射却对人没有形成危害，便是因为照得太广太分散，如果用放大镜将它聚焦，足以点燃草木。"

因此，少即是多，企业面对的竞争越激烈、面对的竞争对手越强大，往往越需要聚焦核心客户并持续深度运营，提高细分市场渗透率，从而成为细分市场的领军者。

你的企业未必能成为像福耀玻璃那样的大型企业，但是聚焦核心客户、成为细分市场的领军者却是你可以借鉴的成功之路。**成功无法复制，但智慧可以传承。**

你可以成为一家被业界尊重但不被大众熟悉的零部件公司，成为一家隐形冠军企业；你可以成为一家客户离不开的专业服务公司，如医疗 CRO、物流公司等；你可以成为一家方圆数里之内最受欢迎的中餐厅、水果店或宠物店的老板。

什么是成功的战略决策？就是经过努力之后，你能够成为所选定的目标客户群的**首选合作伙伴、首选供应商或能给出首选解决方案**。无论你的客户数量是多是少，企业规模是大是小，只要你在你所选择的一亩三分地（细分市场）里是领先者，属于前三名，那么，你的第一步就成功了。

**聚焦"新"的核心客户，开辟蓝海**

当"以客户为中心"制定经营决策时，泛泛的客户概念需要被具象定义，而客户不断被具象定义的过程，就是不断细分市场的过程。即使在一个已经有了绝对领导者的市场，依然可以找到"巨人"的阴影或缝隙，也就是可以将尚未被大型企业覆盖的客户群体作为核心客户，重新细分或切割市场，实现战略逆袭。

KEEP GROWING SIMPLE
**高质量增长实践**

### 东鹏特饮的模仿与创新

红牛是维生素功能饮料品类的开创者，"困了累了喝红牛"，这一朗朗上口的广告语相信很多人耳熟能详。但如今，市场上销量排名第一的维生素功能饮料却不是红牛，而是后起之秀东鹏饮料（605499），其广告语竟然也是"累了困了喝东鹏特饮"，为什么作为后来者却能成功逆袭呢？

这源自聚焦"新"的核心客户，好的开始是成功的一半。

红牛的核心客户是极限运动爱好者和白领，而东鹏饮料的战略起步则聚焦于货车司机、建筑工人、外卖小哥等蓝领群体，他们同样有着"提神醒脑"的"刚需"，但需要更大的容量和更低的价格。通过聚焦与红牛完全不同的客户群，东鹏饮料市值一度达到千亿元。

该公司财报显示，公司2023年营收约112亿元，东鹏特饮这一主力单品贡献了91.87%的销售收入份额，净利润约20亿元。

拼多多，即使面对阿里、京东绝对领先的双寡头竞争格局，也依然能找到"巨人"的阴影，从"五环外人群"切入，以"极致性价比"站稳了脚跟，并实现了农村反攻城市。2020年12月，拼多多市值突破2 000亿美元，2023年一度超越阿里巴巴，成为美股中市值最大的中概股。拼多多2023年全年营收为约2 476亿元，同比增长90%，归属于普通股东净利润约为600.27亿元，同比增长90%，这份堪称炸裂增长的财报又一次震惊了市场。

当年，绝大多数投资机构不看好拼多多，极少数看好拼多多的投资机构也无法想象拼多多的市值竟然会超越阿里巴巴。复盘拼多多的逆袭会发现，这源自"重新定义客户群、极致满足核心需求"。

东鹏饮料以蓝领人群为切入点，拼多多以"五环外人群"为切入点，总之，当我们开始深度研究客户时，市场的容量和机会总是超出我们的想象。

如何定义并聚焦你的核心客户？假如你的客户是 C 端消费者，你可以通过性别、年龄、职业、收入、居住地、婚姻状况等 N 个维度进行定义。

假如你的客户群是 B 端企业级客户，你可以通过大客户或中小企业、行业或地域、民营或国企等 N 种维度进行定义。

总之，一切可以与其他客户群体区分开来的维度或视角、标签均可以作为划分客户群的标准。而且，你所选择的维度或标准越具有独特性、创新性，那么，成功定义"无人或少人竞争的蓝海"的概率就越大。

大千世界，万千客户，**当以产品为中心时，你会发现到处**

都是竞争对手,而当以客户为中心时,你会发现机会无处不在。从现在开始,找到并聚焦属于你的核心客户,满足核心客户的核心需求,相信你的"内卷"痛苦指数将立刻减轻。

**深挖几层,研究"客户的价值链"**

处在产业链中上游的企业,除了需要关注和研究自己的直接客户,还需再深挖几层。深入研究客户的客户、客户的客户的客户,直至终端消费者(end user),如图 3-1 所示。

供应商(利乐) → 制造商(乳品企业) → 零售商(食品店) → 终端消费者:决策者、购买者、影响者、使用者

图 3-1　客户链

无菌纸盒包装是瑞典人鲁宾·劳辛(Ruben Raising)的创新构想。他发现,牛奶这种日常饮品急需改进包装和配送方式。从产生想法,到找到正确的方法解决使用过程中的各种麻烦与问题,劳辛总共花了 10 年时间。1952 年,第一台四面体利乐包封装机面世。这项创新被誉为 20 世纪食品包装领域最

重要的发明，推动了 20 世纪食品生产、运输、零售业的蓬勃发展。

封装好的牛奶盒呈四面体形状（Tetrahedral），劳辛因此将其命名为利乐包（Tetra Pak）。利乐公司也凭借这一突破性产品成为全球液体包装市场的龙头企业，业务遍布全球 160 个国家，2022 年净销售额达 125 亿欧元。

利乐公司重新绘制了食品行业全链条的"麻烦地图"，围绕产业链上从制造商到零售商最后到终端消费者的需求进行了数十年的深度研发与市场培育，逐步构建了利乐公司贯穿产业链全链条的强大竞争优势。

在同一时刻，利乐公司既要考虑直接客户，即购买其包装设备与耗材的食品包装企业，如蒙牛、伊利等乳品制造商；又要考虑到客户的客户，即从食品生产企业处购买产品的零售商；还要考虑客户的客户的客户，也就是食品的终端消费者，正是终端消费者的购买与消费，带动了整个系统的良性运转。在这个过程中，利乐公司甚至还要考虑产品的运输过程和循环回收机制。

翻开乳品制造商蒙牛的财报，你会发现，时至今日，液态奶产品的收入贡献仍超过八成，在利乐公司进入中国市场之初，中国的冷链体系尚不存在，而牛奶的保质期短、运输成本高，相比于玻璃瓶，使用了利乐包的牛奶保质期更长，常温即可贮存，并且运输成本更低。乳品企业也借此拥有了更广的业务辐射范围。

对制造商来说，企业的成本和效率是在竞争中存活的根本，不同企业的基础、资源、人力各不相同，如果只是卖同样的包装系统给制造商，生意必然不可能持久。所以，利乐公司的食品加工专家和包装专家共赴客户的工厂，在生产流程、原材料利用、设备运行与故障处理、产成品口味、运营效率等诸多方面，帮助工厂做出改进，提升生产效率和资本利用率。这背后涉及流程管理、设备设计、材料学、微生物学，以及均化技术、蒸发技术和过滤技术等诸多领域的庞大人才体系建设与跨领域合作。

2016年，利乐公司推出新版本利乐®工厂大师，这是世界上最先进的工厂自动化和信息解决方案，制造商只需通过一个控制和数据管理系统就可以管理整个工厂。

利乐公司喜欢把自己称为客户的战略合作伙伴。该公司在输出产品时，更多的是在输出企业文化、管理模式、营销思想和运营方法。在组织上，利乐公司以客户经理为窗口，为每一个客户都提供高效而严谨的服务，涵盖订单服务、技术服务、市场支持等基础层面，更为每一个大客户提供从战略决策到营销决策的建议，即提供更高层面的远超客户期待的"赋能"服务。

不仅如此，利乐公司还会站在批发商、零售商的角度，关注制造商产品的生产标准、物流成本和货架摆放等诸多"麻烦"，致力于为价值链的各个环节带去便利。

最常见的利乐包是砖型和枕型的牛奶盒，这种形状的包装盒更易于装箱、运输和存储。利乐包超常规的几何外观设计，使得运输成本大幅缩减，使得货架上可摆放的商品数量更多，更为吸引顾客。

像牛奶这样容易变质的食品，装入利乐包后无须冷藏就可长时间保持新鲜。同时，从加工厂到零售店的过程，也不需要"冷链"。这使零售商的运输成本、库存风险大大降低，并可将销售范围扩张到更远的地区。

食品的包装方式会极大地影响销量，从某种意义上说，正是因为有了"利乐包牛奶"这样的超级爆款产品，无数零售店的业绩才有了显著增长，现代零售业才有了极大的进步与发展。

当然，最重要的是对消费者的研究，因为他们的购买行为构成了市场的闭环。正是秉承"以终为始"的理念，利乐公司的创新思路才能根据终端消费者的需求，提供面向整个价值链上各个环节的解决方案。这是利乐公司的思维方式。

与罐头类金属容器不同，利乐包不需要特殊工具就可以打开，消费者可以方便惬意地饮用其中的牛奶。在包装发展史中有一个令人称奇的事实：用于包装食物的金属罐发明于1810年，而第一个开罐器到了1858年才发明出来。也就是说，在整整48年的时间里，人们不得不很费劲地撬开罐头。与瓶子或罐子不同，利乐包还不易破损，避免了容器破碎带来的液体浪费或人们被玻璃碎片划伤的危险。

利乐公司开发出了一种独特的闪蒸灭菌方法，只需加热不到15秒，就可以对牛奶或其他饮品进行灭菌，同时还能保持饮品最自然的状态，不改变它们的味道和质感。

利乐公司会组织心理学家、工业设计师、平面设计师等对消费者的行为进行研究，关注他们对不同外观、形状、大小、风格的食品包装的反应，以及这些与其最终购买决策之间的关系。这些研究也会指导食品制造企业更好地与零售终端协作，推出与客户消费心理更适配的利乐包产品。

利乐公司每年都会发布《利乐指数》报告，通过面向消费者开展的调研交流，为全球客户洞察创造增长机遇的新消费趋势。

与最大的竞争对手SIG康美包相比，利乐公司的营收遥遥领先。因为利乐公司的客户更加成功，规模和盈利能力更强，离C端消费者更近。

所以，面向C端消费者或使用者，应着眼于整体价值链，共同为C端消费者提供更好的体验，进而带动整个价值链的共同发展。以C端消费者或使用者反向拉动的价值链是整个产业进步的主导力量。而对价值链条中的2B企业而言，"让客户成功"是其关键性行动。

利乐公司在包装领域的领先并非完全得益于其领先的技术。20世纪80年代，利乐公司开始推行关键客户管理系统（KAM）。该管理系统在帮助利乐公司开发和维护客户方面起到了巨大的作用，实现了嵌入客户价值链的管理模式。

如果你是中小企业经营者，你未必能像利乐公司一样兼顾客户价值链的每一个环节，但是，当你的视角、思维不断地延展到客户的价值链，在力所能及的范围内持续尝试、长期积累，相信你与竞争对手就会拥有完全不同的格局。

在深挖几层的过程中，有一个常见误区就是将"加盟商或经销商"作为公司的核心客户，麦当劳就犯过这个错误。

众所周知，麦当劳的主要利润来源其实是加盟商的租金和授权费，麦当劳也被誉为"全球最大的房地产公司"。麦当劳管理层曾一度认为自己的核心客户是地产商和加盟商，因此疯狂地快速开店，目的是多收租金和加盟授权费，从而获得一种攻城略地的快感。

但是随着麦当劳丧失了对消费者进行深入研究的兴趣，加盟商的营收与效益并不理想。这导致麦当劳在2002年底陷入发展危机，从1965年上市以来第一次出现季度亏损，市值减少了1/3，只剩下400亿美元左右。

2003年，麦当劳重新梳理战略，明确将消费者而不是地产商和加盟商作为核心客户。麦当劳开始深入研究消费者并倾听他们的需求，重塑了公司战略资源的投入方向，关闭了很多不合格的加盟店。消费者的回归让麦当劳更多的门店开始盈利并实现持续增长。2023 年，作为所谓售卖"垃圾食品"的餐饮企业，麦当劳的市值高达超过 2 000 亿美元，截至 2023 年 9 月 30 日，全球门店达到 41 198 家。

经销商、加盟商（渠道）应将合作伙伴定位为"自己人"，而不是"核心客户"。企业一旦把经销商等同于核心客户，视野就会变窄，目光就会变短浅，仗还没打，就已经输了。

这就可以解释为什么中国外贸行业企业过去日子过得很苦，因为它们把"贸易商、代理商、经销商"当成核心客户。因此不能触达真正的消费者，外贸行业企业并不知道货品最终被谁买去了，使用后反馈怎样，有什么痛点或需求未被满足。不能了解和满足真正客户的需求往往意味着失去了对产业链的控制力和话语权，难免陷入价格厮杀的窘境。

"出海"跨境电商将是中国外贸业一次集体战略升级的新契机，作为 DTC 模式，可以和消费者直接互动，研究如下问题：谁会买我的产品？在哪买？以什么价格买？我的产品解决了哪些用户痛点？正是因为找到了真正的"核心客户"，持续满足"核心客户的核心需求"，中国企业在全球市场逐渐崛起将成为时代的必然。

## "用户主权时代"来临

客户通常可分为 4 种角色：决策者、购买者、影响者、使用者。对客户的研究需要基于客户的不同角色，不断深入。

KEEP GROWING SIMPLE
**高质量增长实践**

### 小天才电话手表，激发"孩子的社交"属性

步步高旗下的小天才电话手表，截至 2022 年底，累计销量超过 2 000 万台，销售额超过 100 亿元。在 Counterpoint Research 发布的 2023 年第二季度智能手表出货量报告中，小天才电话手表以 21% 的市场份额，领先于苹果手表，紧随华为手表之后，位居第二。小天才电话手表是儿童电话手表领域当之无愧的王者。它最大的成功源自对不同角色客户不同需求的深入洞察。

小天才电话手表的智能通话和定位功能，能够满足父母的"安全需求"，让父母在出游中能够随时找到天性好动的孩子。这让作为"决策者"和"购买者"的孩子父母心甘情愿为之付费。

但真正让小天才电话手表区别于其他同类竞品的，是它的"孩子的社交系统"属性！两个同样戴小天才电话手

表的孩子，只需"碰一碰"手表，便可成为好友，并通过手表交流沟通。作为"使用者"，"通话、定位"功能对孩子没那么重要，但"认识好朋友"（社交）却是孩子最感兴趣的应用。此外，"别人家的孩子"则会成为促成自家孩子购买小天才电话手表的"关键影响者"，一句"你有小天才吗，咱们加好友吧"，就是小天才电话手表的"必买理由"。

因此，对客户中不同的角色进行"分离"，将有可能发现产品设计与营销的机会点，由此找到巨大的商机。

在 2B 业务中，4 种角色的分离或分别更为明显，这时就更需要想清楚如何打动 2B 客户中的不同角色。

以客户关系管理（CRM）软件为例，决策者是老板，购买者是销售部门，关键影响者是 IT 部门，使用者是"一线业务人员"。如果不关注一线人员的用户体验，不重视一线业务人员的喜怒哀乐，那么，那些看似很好的功能在实际业务场景中却会出现体验不佳、效果有限、相当烦琐的情况，最终续约率（NDR）往往较低。

因此，不仅要关注客户内部的不同角色，在当下，更应把关注点延伸到"最终使用者",并以此驱动核心客户核心需求的洞察与创新。

**我们正在迎来"用户主权时代",不能赢得"最终使用者"青睐的产品或服务,必将被淘汰或边缘化。**

同时,在人工智能时代,人工智能作为无处不在的个人助理,作为生产力工具,必定会将"用户主权时代"提升到全新的高度。

提起汽车玻璃,多数读者会认为这是一个传统行业,其产品范围似乎仅限于前、后挡风玻璃,前、后门玻璃,后三角窗玻璃,给人一种市场潜力有限的错觉。由于核心竞争力源自规模效应下的成本优势,因此该领域的创新空间十分有限。

但当我们把焦点放在最终消费者身上时,会发现汽车用户和用户需求都在发生快速的变化。"95后"开始买入第一辆车,已完成首次购车的"80后"正在进入增购或换购的时点,他们对车辆的舒适度、便捷性、通透感、与人的交互性等需求远大于之前的用户。终端消费者迸发的新需求,创造了汽车玻璃高端化的巨大市场潜力。

为此，福耀玻璃连续多年投入营收的 4% 以上作为研发费用，这一比例远高于竞品（旭硝子投入 3.0%，板硝子投入 1.5%，圣戈班投入 1.1%），不断实现产品与技术突破。

---

KEEP GROWING SIMPLE
**高质量增长实践**

## 福耀玻璃，持续关注最终消费者，赢得 60% 市场份额

近年来，福耀玻璃推出了抬头显示玻璃、智能全景天幕玻璃、可调光玻璃、钢化夹层边窗玻璃、超隔绝玻璃、轻量化超薄玻璃等高附加值产品。2023 年 1 至 9 月，公司高附加值产品占收入比重达 51.91%，其中天幕玻璃占比 6.52%，HUD 玻璃占比 6.16%，钢化夹层边窗玻璃占比 5.04%，镀膜隔热玻璃占比 2.64%。

以天幕玻璃为例，这种车顶部玻璃的出现，反映了在电动车产业发展下消费者需求的变化。

电动车由于底盘电池组厚度较传统燃油车高，导致车内垂直空间被压缩，使用天幕玻璃有助于提升车内空间感。所以，特斯拉 Model Y 和 Model 3、保时捷 Taycan、蔚来、小鹏、问界等一众车型，都选择搭载天幕玻璃。

但同时，消费者对于大面积采用玻璃作为车顶能否确

保安全存在顾虑。这就对福耀的大型曲面玻璃成型工艺、天幕玻璃对抗变形和破碎的强度等提出了极高的要求。而对车企来说，除用户关注的上述要点外，天幕玻璃的重量、厚度也是关注的焦点。

以客户为中心，就是真正对产业链上各环节、各层级客户、客户中的不同角色的"刚需"进行深入的考量和平衡。

围绕安全性，福耀采用了先进的夹层玻璃技术，利用夹层材料 PVB 膜具有高黏性的特点，赋予了天幕玻璃高强度、防飞溅的特点，并为此自主研发压制成型、大规格全景天窗炉等设备解决生产工艺问题。福耀还以远高于国家标准的指标管控质量，天幕玻璃可承受 40MPa 的应力，安装于整车后，车顶载荷与车辆整备质量之比超过 4，而国家标准是 1.5。同时，采用玻璃模压及注塑包边技术可降低玻璃的厚度及重量，并为汽车厂总装提供便利。

持续关注最终消费者，持续投入研发的福耀玻璃，站在新增长周期的新起点。伴随智能驾驶时代的到来，福耀玻璃对于客户需求的洞察并未止步，在天幕玻璃的基础上，持续开发出光感天幕、太阳能天幕等细分产品线。

光感天幕是将调光技术集成在全景天幕中的一项技术。用户通过调节玻璃的透光度，一方面可防晒隔热，减少空调能耗，另一方面可保护车内隐私。而太阳能天幕可利用天幕的大面积表面，为车载电器充电，在环保的同时，还能缓解新能源车主的里程焦虑，具有广阔的应用空间。随着新能源汽车市场的迅速崛起，天幕玻璃的渗透率也在快速提升，福耀凭借对客户的持续洞察，得到了市场的奖赏，在全景天幕市场的占有率达 60% 以上。

因此，在战略规划的第一步，在原点抉择上，企业不应将核心关注点放在渠道上，而应该顺着产业链再向下深挖几层，深入研究产业价值链上各个环节、各个层级的客户需求、痛点或麻烦，同时，深刻认识到客户通常有 4 种角色，以终为始，在"用户主权时代"聚焦最终使用者。

## 追问之二：核心客户的核心需求到底是什么

我将核心客户称之为"一米宽"，将核心客户的核心需求称为"一百米深"。**核心客户的核心需求是极简增长的原点。**

### 只有聚焦核心客户，才能找到核心需求

在巨头云集的手机市场，除了各位读者熟悉的苹果、三星、华为、小米、OPPO 等，近来"非洲之王"传音控股（688036）开始进入大众视野。

ZDC 数据显示，传音控股 2023 年成为全球第五大智能手机厂商，出货量达 9 490 万部，全球市场占有率达 8.1%。但传音控股在中国几乎是"小透明"般的存在，因为它的核心客户在非洲，占据了非洲 50% 以上的市场份额。正是因为聚焦非洲的核心客户群，传音控股发现了有别于全球其他任何市场的独特核心需求。

核心需求一：肤色较深群体的拍照需求。一般手机有智能美白系统，但非洲人的肤色较深，因此对拍照有着不同的需求。传音手机独特的"智能美黑"系统，针对肤色较深用户的面部特征开发的人脸识别技术，能够呈现清晰好看的拍照效果。

核心需求二：非洲地区运营商众多，而且其通信网络大多只是区域性覆盖而非全国覆盖，所以用户在出差、旅行当中经常需要更换由不同运营商提供的 SIM 卡。传音手机的多卡多待功能，尤其是最多"四卡四待"的"怪兽机型"，即便使用多个运营商提供的服务，也能够确保无缝切换，保持通话的稳定。

正是凭借对核心客户核心需求的深度挖掘与满足，传音控股得以"称霸"非洲。虽然在中国市场默默无闻，但"非洲之王"传音控股 2023 年营收达到 622.95 亿元，归母净利润达到 55.37 亿元，最新市值达到 1 220 亿元。

同理，在 2B 领域，深耕"一米宽"的细分市场，满足核心客户"一百米深"的核心需求，创造客户价值，树立竞争门槛，亦会大有可为。

2022 年 7 月 29 日，国内 EDA 龙头——华大九天（301269）登陆创业板引起极大关注。EDA 在半导体产业链中的市场规模占比并不高，2021 年全球 EDA 市场规模仅为 125.7 亿美元，与总产值超 5 000 亿美元的半导体产业链相比，是一个典型的"一米宽"市场。

华大九天的核心客户是知名集成电路设计企业、晶圆制造企业和平板厂商等，如上海华虹、京东方、惠科股份、兆芯、TCL 等。这些客户的运转绕不开 EDA 环节，EDA 又被称为"芯片之母"，80% 的市场份额被美国三巨头主导，国产 EDA 软件的产销占比不足 10%。

核心客户迫切期盼 EDA 实现国产替代，解决"卡脖子"问题。此外，EDA 领域有一个独特的助推剂——摩尔定律。每隔 18 个月，全球先进制程的集成电路设计都要做一次工艺上的迭代升级，即每隔 18 个月都要重新升级 EDA 软件，进行一次复购。摩尔定律决定了半导体行业对 EDA 软件的高度依赖。对客户而言，相比于组合使用多家 EDA 厂商的点工具，采用同平台的全流程产品能够实现更好的数据兼容性、精度一致性，并且能够显著降低使用成本，提升使用效率。

自 2009 年发布第一代时序功耗优化工具以来，华大九天 15 年来坚守"一米宽、一百米深"的极致聚焦，长期深耕 EDA 赛道，已成为目前国内规模最大、产品线最完整、综合技术实力最强的 EDA 工具提供商。

全球 EDA 软件第一梯队由新思科技、楷登电子、明导国际三家企业组成。这三家企业处于绝对领先地位，占据全球 78% 的市场份额，拥有全流程 EDA 产品，业务遍布全球，科研实力雄厚。其中，新思科技的全球 EDA 市场占有率为 32.14%，第二名楷登电子为 23.4%，第三名西门子 EDA 为 14%。这三家企业 2023 年营收、净利润和市值情况如表 3-1 所示。

2024 年 1 月 16 日，新思科技宣布将以 350 亿美元收购 Ansys。在收购完成后，新思科技全球领先的 EDA 将与 Ansys 广泛的仿真分析产品组合强强联手，打造一个从芯片到系统设计解决方案领域的全球领导者。

表 3-1　全球 EDA 领域前三名企业概述

| 公司名称 | 2023 年营收（亿美元） | 2023 年净利润（亿美元） | 2024 年 9 月市值（亿美元） |
| --- | --- | --- | --- |
| 新思科技 | 58.43 | 12.18 | 779.84 |
| 楷登电子 | 40.90 | 10.41 | 742.62 |
| 西门子 EDA | 25.45 | 5.00 | 已退市 |

注：西门子 EDA 原为明导国际，2016 年被西门子以 46 亿美元收购，已无公开财报，以上数据根据市场份额推算。

Ansys 是全球第四大 EDA 工具提供商。赛迪智库数据显示，在 2022 年全球 EDA 工具市场，Ansys 的市场份额为 4.8%，仅次于新思科技、楷登电子和西门子 EDA。

专注于细分市场的工业软件供应商与通用软件供应商不同，工业软件供应商往往通过专注某个细分市场，获得足够的竞争优势后，以并购的方式完成对同行的横向整合，从而巩固市场地位。然后，他们可能再纵向沿着产业链进行扩张，通过并购其他细分市场的企业，实现业务的一站化，获得更大的增长空间，为客户提供全价值链的解决方案。此次被收购的 Ansys 从 1999 年起就通过并购不断扩充行业产品矩阵，提升行业地位，1999—2023 年总共进行了 20 次并购。

与国际 EDA 三巨头相比,华大九天还有很漫长的追赶道路,但只要选对了路,就不怕路远。以华大九天为代表的国产 EDA 企业一方面在解决"卡脖子"问题上任重而道远,另一方面,在庞大的母市场支持下,在"一米宽、一百米深"的持续深耕下,未来发展前景必将一片光明。

EDA 这个规模并不大的垂直细分市场都能涌现多家世界级软件公司、千亿美元级市值的上市公司,这充分体现了专注的价值。

不同客户的核心需求可能完全不同,只有锚定"核心客户",才有可能找到"核心需求",目标客户一旦发生变化,客户的核心需求极有可能发生变化。

例如,百事可乐作为市场后起之秀,一度被当作可口可乐的模仿者,甚至在财务危机中一度希望被可口可乐收购,但未能如愿。但随着在第二次世界大战结束后"婴儿潮"一代的到来,1946—1964 年,美国出生的 7 600 万人为百事可乐带来了消费增长点。百事可乐为自己找到了全新定位——面向年轻人,塑造充满活力和冒险精神的品牌形象。它主打"酷青年喝百事可乐,古板过时的父辈才喝可口可乐",签约迈克尔·杰克逊,让百事紧随时尚潮流。新的核心客户定位,使得"百事一代"迅速崛起,也让百事可乐成为可口可乐的有力竞争对手。如今,百事可乐已成为市值约 2 333 亿美元的全球食品饮料巨头,市值亦与可口可乐(约 3 097 亿美元)接近平分秋色。

此外,客户可分为 4 种角色,应给予最终使用者更多关注。因此,当你对最终使用者的核心需求得出新的认知时,你将会迎来新的创新机遇。

诺和诺德百年聚焦糖尿病治疗领域,持续深耕。20 世纪 80 年代,因为胰岛素的购买者是医生,而医生最看重的就是胰岛素的纯度,所以整个行业都在以提纯为第一竞争要素。但随着技术的进步,各产品之间的纯度差别已经微乎其微了,显然胰岛素行业已经是一片红海。

诺和诺德公司将目标客户从购买者——医生身上,转移到实际使用者——糖尿病患者身上时发现,患者最看重的是注射胰岛素的方便程度。因为糖尿病患者每天要注射好几次胰岛素,用注射器从药瓶吸取再注射的方式实在不便至极。诺和诺德就此推出"诺和笔",它像一支自来水笔,不仅方便携带,而且容量非常大,充满一次可以使用一周。"诺和笔"一经推出,就风靡全球,开创了一片新的蓝海。

## 核心需求的进阶特征是"刚高海"

围绕核心客户会发现很多需求,但是从极简增长的角度看,**在挖掘需求时,应集中精力找到刚性、高频、海量的需求,通常简称"刚高海"**。这三个维度是核心需求的进阶特征,"刚需"是基础,高频是重要加分项,海量是成为大企业的关键。

### "刚需"是核心需求的基础特征

关于需求,有不同的强度。高强度的需求,我们称之为"刚需",即必须有,也就是 Must Have,像做重要的外科手术必须注射麻醉剂一样;而有的需求,强度没有那么高,有当然好,没有也没关系,可有可无,属于 Nice To Have,就像养生。核心需求对应 Must Have 的需求。

传音手机,深入挖掘非洲肤色较深的客户群的各种需求,发现非洲人喜欢载歌载舞。因此除了上述拍照、"四卡四待"等核心需求,低音炮、防汗防腐蚀、待机时间长等也是非洲用户的需求。但是,相比较之下,"拍照"和"四卡四待"是 Must Have,是更具普适性的"刚需"。

当然,对于可以称之为"重要需求"的需求是否要满足的判断标准是：在企业人力、物力、财力等资源有限的情况下，首先应全力满足核心需求，在业务持续成长的过程中，在企业人力、物力、财力日益充沛的情况下，可以逐步满足消费者的更多需求，逐步实现对用户群需求的更充分覆盖。

今天，在中国科技兴邦、中美科技博弈的大背景下，2B产业赛道涌现了大量的"刚需"，解决"卡脖子"问题、"降本增效"、双碳环保等都日益成为"刚需"。

比如，光刻胶是显示面板和半导体集成电路制造中最重要的基础原材料之一，但中国光刻胶研发起步晚，市场长期被日韩、欧美的企业所主导。特别是显示光刻胶的国产化率不足20%，半导体光刻胶中的 ArF/KrF 光刻胶等产品仍处于技术积累和验证阶段，尚未实现规模化量产导入。为了解决泛半导体行业上游关键原材料"卡脖子"问题，国家将光刻胶纳入"十三五""十四五"规划纲要。

KEEP GROWING SIMPLE
**高质量增长实践**

**欣奕华材料：深耕细作，突破"卡脖子"挑战**

2023年6月，安徽阜阳欣奕华材料科技有限公司

（简称"欣奕华材料"）宣布完成超 5 亿元人民币 D 轮融资，本轮融资由盛景嘉成创投领投，众多一线投资机构参与。本轮资金用于进一步加大光刻胶、OLED 材料的研发与扩大再生产，助力关键材料国产化率的提升。

欣奕华材料以京东方等为核心客户，在光刻胶领域多年深耕细作，覆盖了 TFT-LCD、OLED 等显示行业和集成电路行业等国家战略性新兴产业上游关键材料，为解决"卡脖子"问题提供了强有力的支持。

2023 年，欣奕华材料成为国内唯一实现年出货量千吨级的显示负性光刻胶生产企业，打破了该领域长期被国外企业垄断的格局。

从 2018 年 4 月 19 日开始，《科技日报》就陆续报道了中国被"卡脖子"的 35 项关键技术，这是中国发展之坎，也是中国产业和企业的"刚需"。解决"卡脖子"的技术难题，不仅有利于获得众多订单，亦有望获得风投机构的青睐。

科学作家万维钢在《芯片战争》（*Chip War*）的推荐序中谈到：不要把"芯片战争"和核武器研发类比，核武器其实是个"简单"技术，是可堆积的，国家可以集中少数科学家做个大项目突破；但是芯片是不可堆积的，从造芯片，从芯片设计软件到光刻机，再到硅材料，每一个步骤都需要很多聪明人的奇思妙想，这里没有"大力出奇迹"的可能。

芯片的科学原理并没有秘密，都是公开的信息。但是要实现技术上的可行性，尤其是商业上的可营利性，那就难了。"烧钱"造出一颗芯片并没有意义，必须保证大规模制造，保证良品率，保证更新速度，还得保证最终成本有竞争力。为此，中国需要的不是一个大项目，而是整个芯片生态系统。

而这样的生态系统只能由众多顶尖科技公司共同完成。光刻机零部件供应商遍布全球，代表光刻机最高端技术的 EUV 光刻机里面有 10 万多个零部件，全球超过 5 000 家供应商，其中核心零部件供应商来自德国和美国。

芯片是一个社会关注焦点，但是透过芯片，我们可以看到所有"被卡脖子"的关键技术背后的共同机遇。

因此，在 35 项"卡脖子"的产业链生态的无数细分领域中，都孕育着"刚需"，都孕育着中国科创企业的成长机遇。

在服务 2B 企业的进程中，"降本增效"是具有普遍性的"刚需"。但你能将它解决到什么程度？你给客户带去的是几倍价值、10 倍价值，甚至是数十倍价值吗？

因为新产品或新服务致力于帮助客户"降本增效",但是往往伴随着客户组织和流程变革等隐性成本,因此,为客户创造 5 倍、10 倍以上或者更大的价值,或者将成本降至原有成本的 1/10,才会促进目标客户快速做出购买决策。

KEEP GROWING SIMPLE
**高质量增长实践**

### 深势科技:深耕 AI4S,成为新晋独角兽

2023 年 8 月 18 日,AI for Science(简称 AI4S,即科学智能,将人工智能用于科学发现)公司深势科技宣布完成超 7 亿元新一轮融资,成为新晋独角兽。盛景嘉成创投是深势科技最早的天使投资机构。

作为 AI4S 科学研究范式的先行者,深势科技首创的"多尺度建模 + 机器学习 + 高性能计算"范式,突破性地实现了多尺度分子模拟中精度与效率的统一。

当人工智能与科学研究深度融合,一场由 AI4S 引领的科学变革浪潮正席卷而来。AI4S 就是运用人工智能学习一系列事物发展的自然规律,相当于研究客观世界的一个基础的人工智能预训练模型。AI4S 能够帮助科学家拓展对世界的认知边界,加速从科学的原始创新到产业落地的进程,进而拓宽人类的生产力边界。

"先进行大量计算模拟，再进行少数实验验证计算结果，从而大幅提高研发效率。"以药物研发为例，深势科技的 Hermite® 药物计算设计平台只要 10 分钟就能获得精准的蛋白质结构，并能将药物的优化周期从原先的 3～5 年降至 6～8 个月。该公司深耕 AI4S 赛道，即采用人工智能＋分子模拟算法，在药物设计和材料设计领域打造自然科学界的 GPT。

ChatGPT 引发的人工智能浪潮，激发了众多围绕企业"降本增效"的创新创业设想。

但是，这些新技术往往伴随着客户的组织变革阻力、高成本甚至高风险，这是巨大的"隐性"成本，因此，必须着眼于实现 5 倍、10 倍甚至更大的价值创造，否则就仍将停留在曲高和寡的状态。

我将"刚需"进一步描述为"杀手级隐性核心需求"，它又可分解为两类需求。

第一类是未被探知的需求，就是你的客户尚未能清晰表达的需求、你的客户无法公开表达的需求（所谓"难言之隐"），或者你的竞争对手还并不熟悉的客户需求。

KEEP GROWING
SIMPLE
**高质量增长实践**

## 戈尔公司创新 GORE-TEX 面料，引领户外运动新风尚

戈尔公司（Gore）凭借对户外运动场景的洞察，发现人们需要防水、防风的面料，以避免雨水、刮风导致的失温。但传统的防水面料透气性差，而汗水凝聚在衣服内部，同样容易使身体失温，因此，户外运动爱好者真正需要的是既能防水、防风，又透气、耐用的运动服装。

戈尔公司通过创新手段将聚四氟乙烯拉伸制成薄膜，这种薄膜具有独特的气孔结构。这些气孔的大小是一滴水直径的 1/20 000，比水蒸气分子大 700 倍，可以完美满足上述防风、防水、透气、耐用的需求。戈尔公司也随之独家发明和生产了这种轻、薄、坚固和耐用的 GORE-TEX 面料，并在市场中大获成功。

今天，我们听到企业家或创业者最多的抱怨就是"内卷"。"内卷"本质上是同质化经营、粗放模式的时代遗毒，根本原因在于企业习惯于在同一层面进行同质化恶性竞争。一旦聚焦核心客户，即"一米宽"，就可以深度挖掘到大量未被熟知的需求，即"一百米深"，这就意味着要跳出原有的粗放型同质化竞争，开创蓝海市场，实现产业升维与跃迁。

相当多的企业家、创业者认为很难找到客户的核心需求,不知从何处下手。这一类未被探知的"杀手级隐性核心需求"的获取,归根结底是要做"有心人",切勿"老和尚念经,有口无心"。

现场有神灵,"现场力"是探知客户需求的捷径。因此,到目标客户或潜在客户的现场去,甚至与客户工作在一起、生活在一起,闻其言观其行,进行深度观察,都是洞察客户需求的"灵感之源"。

探知核心客户的核心需求,"与其在办公室里进行一百次头脑风暴,不如去目标客户的现场一次"。

在此过程中,创业者务必亲自上阵,不能仅仅委托下属或外部专业机构代为完成。因为,对核心客户核心需求的洞察是一种创业者的天赋,对企业命运最为上心的创业者才能找到真正的感觉,并做出最为重要的决策。

第二类"杀手级隐性核心需求"就是业内熟知但一直未被有效满足或解决的需求,这往往是科技创新的发力点。治疗人类面临的众多重大疾病多属于这一类型。比如,癌症等重大疾病已经存在很久了,但正在逐步被攻克。

KEEP GROWING
SIMPLE

**高质量增长实践**

## 传奇生物公司：专注于"多发性骨髓瘤"领域，开创 CAR-T 疗法新时代

金斯瑞生物科技（HK.1548）孵化的"传奇生物"于 2020 年 3 月成功在美国纳斯达克上市，最高市值达 140 亿美元，成为"中国 CAR-T 海外上市第一股"，也是当时全球市值最高的细胞治疗公司，其在多发性骨髓瘤领域实现了重大突破。

多发性骨髓瘤非常难治而且极易复发，治疗手段受限且预后不佳，号称'不可治愈'的血液肿瘤。它的患者遍及全球，在欧洲和美国相对高发，治疗的临床需求巨大且没有被满足。

传奇生物秉持 In China, For Global 的国际化发展战略，专注于多发性骨髓瘤治疗方案的创新与研发，自 2019 年 2 月起，先后获得中国国家药品监督管理局、美国食品药品监督管理局（FDA）、欧洲药品管理局等权威机构的孤儿药资格认定、优先药物认定、突破性疗法等国际资质认可。

2022 年 2 月，其研发的首款产品西达基奥仑赛在美国、欧洲和日本获批上市。西达基奥仑赛适用于那些至少

接受过四线治疗（包括蛋白酶体抑制剂、免疫调节剂和抗CD38单克隆抗体）的成人患者，用于治疗复发或难治性多发性骨髓瘤，成为中国首个原创并成功出海的CAR-T产品，单支售价高达46.5万美元。

西达基奥仑赛2023年销售额达5亿美元，2024年有望成为冲击年营收10亿美元的超级大单品。在"全球制药企业市值TOP50"榜单上，传奇生物成为新晋入榜者并直冲第39名，超越了众多海外知名的制药公司。

今天，在各行业、各领域，都存在大量"众所周知的未被满足的"杀手级隐性核心需求，如传奇生物攻克的多发性骨髓瘤、SpaceX颠覆性降低的火箭发射成本、取得突破性提升的人工智能能力等，这些都是"刚需"，只是过去我们"心有余而力不足"。

企业家当前感受到的经营方面的艰难是因为传统的生产力已经受到挑战。这倒逼我们直面"刚需"，通过科技创新构建新质生产力，致力于为产业无数细分场景"降本增效"，致力于为人类更美好的生活和生命健康服务。

如何突破这类已被探知但从未被解决的需求？

要耐得住寂寞，回到实验室，回到工厂，用科技、用创意实现重大突破。往往需要以 10 年为周期才能修成正果。

"活着，改变世界。"这是乔布斯宣言，也是硅谷宣言。中国企业面对"刚需"的挑战与机遇，In China, For Global 亦将成为中国企业的创新宣言。

### 高频是重要加分项

核心需求的另一个特征就是"高频"，即购买和使用的频度有多高。每天、每周、每月，还是每季、每年？

高频可以指购买频率，连锁便利店高频满足客户"便利"购买或获得服务的需求，在日本，7-ELEVEn 被誉为"国民冰箱"，消费者几乎每天去 7-ELEVEn"购物"。

KEEP GROWING SIMPLE
**高质量增长实践**

## 咖啡 Vs. 比萨，瑞幸如何选赢赛道

瑞幸在创业之初，曾经在咖啡和比萨两个赛道中进行选择，最终因为咖啡更高频而选择了咖啡赛道。从全球来

看，人均咖啡年饮用量超过 90 杯。而在咖啡消费排名前十位的国家，每人每天至少一杯咖啡。正是如此高频的需求支撑了星巴克在全球开了 3.8 万家门店，并在 2023 财年实现了 360 亿美元的收入，其市值更是达到了千亿美元规模。虽然在中国，人均咖啡年饮用量目前只有 12 杯左右，但这意味着这个高频需求的赛道具有巨大的爆发性增长潜力。

高频也可以指使用频率，购买腾讯视频、爱奇艺 App 会员属于低频需求，因为用户可能每年只需购买一次，但他们可能每天或每周都会登录 App 观看视频（使用产品）。

高频意味着对产品的依赖和习惯养成，互联网公司非常强调"日活""周活""月活"等指标，因为这将带来更高的用户留存和复购，同时，高频往往也是对"刚需"的背书，越高频，往往越是"刚需"。

看似不起眼的"饮用水"，就是一个高频购买、高频使用的产品。"每个人每天都要喝够 8 杯水"，这是被广泛传播的生活小常识。当然，8 杯水只是一个理论概念，成年人每天平均需水量在 2 500 毫升以上，其中 1 500～2 000 毫升通过直接饮水获得，余下的则从食物中摄取。在高温干燥的环境下或运动量增加的情况下，饮水量还会增加。

你可能想不到，"饮用水"这个传统赛道诞生了多位年度首富，这个赛道堪称首富发源地。这就源自"每天8杯水"背后的"高频使用与购买"，高频使用与购买带来了巨大的商业机会。因此，农夫山泉创始人钟睒睒以4 500亿元身家荣登"2024胡润全球富豪榜"，连续四年蝉联中国首富。农夫山泉更被称为"水印钞机"。

再如乔布斯推出的iPhone手机。虽然手机的购买相对低频，换机购买是以"年"（1年、2年甚至更长时间）为单位，但是手机上众多App应用是"日活"或"周活"的高频应用。对于App中虚拟数字类产品的交易，苹果将获得30%的交易分成。2023年，苹果公司通过App Store生态实现的营业额高达1.1万亿美元，这也是苹果公司今后净利润的主要来源。

在2B业务中，以利乐公司为例，包装设备是低频购买但高频使用的产品，但利乐包耗材是高频使用、高频购买的产品，卖设备是"一生一次"，卖耗材才是"一生一世"的业务。因此，利乐公司的"设备+耗材"犹如苹果公司的"手机+App"，打造了高频业务。

"专精特新"企业，如能满足核心客户"刚需+高频"的核心需求，或许就有可能成为细分领域的隐形冠军。

**海量是成为大企业的关键维度**

企业家或创业者如立志打造一家大型企业，往往需要立足大市场，这就要求其所满足的核心客户的核心需求是"海量需求"。

当然，所满足需求是否属于"海量"需有效量化评估。市场空间到底有多大？十亿元、百亿元、千亿元？通常不能低于百亿元市场，否则就不够"海量"，即市场空间有限，容易遇到增长天花板。

在规模较小的细分市场，可以培育隐形冠军或多家经营业绩不错的中小企业，但是难以产生大型企业。

"海量"与"聚焦"矛盾吗？企业需要找到"小切口、大市场"，所谓"一根针，戳破天"，"一根针"表明足够聚焦，"戳破天"表明市场空间足够大。"一根针，戳出了洞"则表明市场空间有限。

KEEP GROWING
SIMPLE
高质量增长实践

## "一根针,戳破天",
## Deel 如何从小事切入完成大事

Deel 公司是近年来全球升值最快的人力资源公司,创办 3 年估值即达到 120 亿美元。在广阔的全球人力资源服务赛道,Deel 仅从一个非常小的"切口",即"企业进行全球化招聘时面临的两大挑战:合规和薪酬支付"入手,这使得 Deel 的核心产品开发、销售系统打造、内部运营等都较为简单,但这又是一个高速增长的庞大市场。

自疫情暴发和远程工作常态化以来,混合办公(可能在公司,也可能居家或远程办公甚至跨境办公的模式)越来越成为企业经营的常态。

根据 Gartner 的数据,2021 年底,全球有 4.89 亿名知识工作者(除中国大陆外)采用混合办公或完全远程办公的工作模式。美国 ARK 基金创始人木头姐预测,这一数据将于 2026 年达到 8.32 亿。凭借巨大的赛道红利,Deel 实现了高速发展。

与很多喜欢提供 All-IN-ONE(从招聘到员工管理的"全家桶")的人力资源服务公司不同,Deel 只选取两个很小但很痛的切口,并且足够有定力、足够专注。切口很小，意味着需求更明确、更精准，可以快速做到高度标准化，通过做到极致实现杠杆放大效应，从而远远甩开竞争对手。

正如保罗·格雷厄姆（Paul Graham）在《黑客与画家》（Hackers and Painters）中所写的：真正做大事的方法是真正地去做那些"小事"，并推动其成长变大。

这正是 Deel 能够在这么短时间内撬动增长飞轮、实现高速增长的重要原因。

谈到市场空间，对于高度专注于利基市场的企业，扩大市场规模，不仅要关注本国市场，更要放眼全球市场，这就是在《隐形冠军》一书中所强调的："全球化基本是这些聚焦而专注的企业的标配。"

德国拥有一批世界领先的中小企业，这些企业在各自的领域的全球份额往往位居全球第一或第二。比如德国伍尔特公司，在螺丝、螺母等紧固件领域在全球 80 多个国家有 294 个销售网点。2022 年，伍尔特公司的销售额已经达到 199.5 亿欧元，被称为全球"紧固件之王"。

中国中小企业数量远远多于德国，隐形冠军企业的数量却少于后者。

当前，中国企业正处于转型升级的重要时期，"专精特新"企业往往专注于某个领域，解决某个"卡脖子"问题，但很多企业家担心"专精特新"企业因为聚焦而做不大。

德国隐形冠军企业的平均营收规模达到 30 亿欧元，在全球平均有数十家子公司，因此，中国"专精特新"企业通过放眼全球市场，将有效地扩大所覆盖的市场规模。

## "技术优先"抑或"市场需求优先"

在科技兴邦的新时代，企业家或创业者可能面临的最大争论或者困惑之一就是：到底应该"技术优先"还是应该"市场需求优先"？

1997 年，乔布斯回归苹果公司不久，在开发者大会上，一个程序员质疑乔布斯不懂技术，要如何引领苹果公司的未来发展。

乔布斯回应：必须从用户体验入手，然后再回头开发技术。你不能从技术入手，然后试着去搞清楚怎么卖。从技术入手这方面，我曾经犯的错误也许比这个屋里的所有人都要多。

乔布斯即使被质疑不懂技术，却并不妨碍他引领改变世界的科技企业。乔布斯是"变废为宝"的创新大师，将成熟技术运用于客户体验的升维。

也许有些读者未必将苹果公司定义为高科技公司，他们可能会认为苹果是一家消费时尚公司，或者是科技消费品公司。所以，客户体验为先是苹果公司的核心竞争力，但如果是一家典型的硬科技公司，"技术优先"才是企业竞争的决战点。

**确实，科技企业的技术领先性至关重要，但市场需求往往会决定一项先进技术的生死、市场规模的大小或企业发展的快慢。**

聚焦核心客户核心需求，对硬科技、新技术的发展至关重要，对划时代的革命性技术亦是如此。当年集成电路半导体产业的发展就是例证。

从电子管到晶体管，再到集成电路，美国计算机行业在第二次世界大战后发展日新月异，这离不开美国企业管理者对商业机会的敏锐洞察，以及围绕核心客户核心需求所做的持续突破。

KEEP GROWING SIMPLE
高质量增长实践

## 德州仪器与世界上第一块集成电路芯片：围绕客户核心需求的技术创新

集成电路是将微小的电子器件（如晶体管、电容、电阻等）集成到同一芯片上的技术，诞生于1958年。彼时，效力于德州仪器公司的杰克·基尔比（Jack Kilby）提出用锗或硅制造所有电子元件，而不仅仅是晶体管，这样整个电路就可以用一块半导体材料制成。这就可以解决不同部件需要分别生产、封装和接线的问题，从而降低成本。1958年9月，他成功制造出了世界上第一个采用单一材料制成的集成电路芯片。

集成电路的发展并非单纯的技术创新，而是围绕潜在核心客户核心需求所做出的有明确目标的创新。

1957年，基尔比就曾提道："军用市场是重要的机会，他们需要硅器件！"基尔比看到了德州仪器作为"从锗晶体管转型硅晶体管先驱"所积淀的实力，因此加入了德州仪器。其后，北美航空工业公司负责"民兵2"导弹的制导系统，为德州仪器的集成电路找到了绝佳的应用场景。

洲际弹道导弹（"民兵"导弹）需要"自主导航到地

球的另一边",这就需要轻型系统、高计算速度、低功耗以及极高的可靠性。美国已有的计算机——基于分立晶体管的制导计算机体型过大,难以实现这一需求,必须采用集成电路这一新技术。

为"民兵2"导弹设计的计算机用了2 000个集成元件和4 000个分立元件,代替了"民兵1"导弹的15 000个分立电路,让新型弹道导弹可以在更加准确、灵活的同时携带更大的核弹头。德州仪器拿下"民兵2"导弹的订单,并且在之后的一年内,占据了当时美国空军累计采购芯片总额的60%。到了1964年,10万块集成电路芯片被安装于"民兵"导弹上。

当时,同样受益于精准满足核心客户核心需求的半导体企业,还有同期的仙童半导体公司。

德州仪器在军方拔得头筹,但在基尔比发明的集成电路中,晶体管依然需要通过引线键合,因此分立晶体管的连接问题并没有得到实质性解决,且量产难度大。而仙童半导体则在鲍勃·诺伊斯(Bob Noyce)、吉恩·霍尔尼(Jean Hoerni)、杰·拉斯特(Jay Last)的通力合作下,通过工艺的改进,探索出新的集成电路实现方式。

KEEP GROWING
SIMPLE
**高质量增长实践**

## 仙童半导体，成就阿波罗计划也成就自己

1959 年，集成电路技术迎来了重大突破。霍尔尼发明的平面工艺（Planner Process），可以通过在硅片上添加一层绝缘的氧化硅，并利用打孔技术将铝薄膜嵌入其中，将已用硅扩散技术做好的器件连接起来。同年，诺伊斯提出了一个创新的构想，将多种元件集成在单一硅片上，再用平面工艺将它们连接起来，从而制成集成电路。此外，拉斯特开发了硼扩散技术，实现了 P-N 结的电隔离，为集成电路的稳定性和可靠性提供了支持。三块拼图拼接在一起，第一个采用平面工艺的集成电路就此诞生。

自加加林成为首位进入太空的地球人之后，登月就成为美国航天战略的最核心目标，而阿波罗计划中的最大挑战是开发登月系统。

该系统必须能够控制重 1.3 万千克的宇宙飞船，在以 3 500 千米 / 时的速度绕月运行中安全降落在目标地点，并引导飞船从月球表面返回，而留给制导计算机的重量大约只有 30 千克，需容纳包含 5 530 个逻辑门的集成电路。太空中环境恶劣，采用平面工艺的集成电路拥有更强的稳定性，能够满足阿波罗计划的需求。

1961年秋，第一个集成电路产品系列Micrologic面市，它最终成为阿波罗制导计算机的基本组成部分。

借阿波罗计划的东风，仙童半导体公司从一家小型创业公司成长为一家拥有1 000多名员工的公司，其销售额在两年之内从50万美元飙升至2 100万美元。虽然仙童半导体公司因为利益分配问题最终分崩离析，但它培养了英特尔、AMD、台积电等一众半导体巨头的创始人。

德州仪器、仙童半导体公司凭借划时代的半导体技术，围绕军工和航天两类核心客户的核心需求，将计算机从"数据处理设备"推向"实时控制系统"，并为迈向千家万户打下坚实的基础。

时代在变，但通过洞察核心客户与核心需求撬动企业增长杠杆的逻辑始终如一，硬科技、新技术公司亦需遵守这一规律。

那么，20年前耗资高达50亿美元的摩托罗拉铱星计划为何会失败，而今天马斯克的"星链"计划为何有可能成功呢？

自从1957年人类第一颗卫星上天以来，天地通信就成为卫星的重要功能之一，但因为成本昂贵，卫星一直只能在军事、国家项目上发挥作用。20世纪90年代以来，多家科技公司尝试让卫星应用于民用领域的个人通信，但多数以失败告终，摩托罗拉铱星计划就是其中最为著名且悲壮的案例之一。

雄心勃勃的摩托罗拉铱星计划是由66个同步轨道卫星组成的全球卫星通信系统，于1998年11月1日正式投入使用。2000年3月，耗资50亿美元的铱星公司因用户不足、无法维持生计而宣布破产。此后，铱星公司勉强通过美国军方订单与资助（每年3 600万美元年费）免遭"自焚"的命运，2009年又在纳斯达克再次上市，但总市值不到50亿美元，年收入不到10亿美元，往日的辉煌已一去不复返。

20年后，马斯克的SpaceX公司推出了"星链"计划，提供卫星互联网接入服务。为什么20年前的铱星计划黯然落寞，而如今马斯克的"星链"计划却有望成功呢？有人说是技术进步了，有人说SpaceX自己发卫星，成本要低很多。技术、成本当然是重要的因素，但最重要的原因是市场格局和客户需求发生了变化。

铱星计划的手机售价高达3 000美元，每分钟的使用费高达6～36美元。当时，摩托罗拉公司对铱星系统在技术上和商业上进行了可行性分析，认为全球商旅人士将为铱星计划的无线通信能力买单，到 2002 年将拥有 1 200 万名用户。殊不知，当计划推出时，个人手机却以极低的成本迅速占领了市场，并为全球所有人口密集地区提供通信服务——成本仅为铱星计划的 1%。截至铱星公司申请破产时，它只有 5.5 万名用户。

"星链"计划所针对的客户群是在 21 世纪因为居住区域问题无法获得基础互联网服务的人群。20 世纪第一个十年，几乎所有科技巨头都意识到世界上还有至少 30 亿～ 40 亿人无法获得基础程度的互联网服务，而且这三四十亿人并不全在购买力匮乏的贫穷地区。即使在美国和加拿大，也有近三成人（约 7 000 万）因为居住区域限制，很难使用速度够快的互联网，至少这 7 000 万户居民可以轻松负担普通网络服务的成本。只要你能提供接近地面普通网络服务的成本，就会拥有已经存在的庞大客户群。那剩下的就是如何降低目标用户的购买和使用成本了。

过去，通信卫星都在地球同步轨道，轨道高、覆盖面积大，一颗卫星就可以覆盖小半个地球。覆盖面积是够大了，但卫星体积大，发射成本高，最关键的是信号强度过低、迟滞度过高，无法提供上网服务，甚至对区域内同时打电话的人数都有限制。

KEEP GROWING
SIMPLE
**高质量增长实践**

## 马斯克：用"星链"开启高速互联网新时代

马斯克完全颠覆了传统思路，使用近地卫星解决了上述问题。近地轨道与地面的距离是地球同步轨道与地面距离的近 1/90，因此"星链"的信号延迟时间比竞争对手快二三十倍就很合理了。此外，轨道更近的好处不止是网速更快，对卫星公司控制成本也至关重要。一颗地球同步轨道的通信卫星造价可达"星链"卫星的数十倍，两者的成本差一目了然。

还有一个关键问题，近地卫星覆盖面积不够，那就增加卫星的数量，"星链"计划最终发射了 4.2 万颗卫星。

2040 年，卫星互联网全球市场规模将达到 4 120 亿美元，SpaceX 抢占了这一蓝海的先机。2021 年，"星链"营收是 2.21 亿美元；2022 年，营收暴增 6 倍，达 14 亿美元；2023 年营收高达 41 亿美元。

从 2019 年 5 月首批卫星上天至今，65 个国家和地区的逾 230 万用户购买了"星链"服务，而其他卫星通信公司的用户要想突破百万，通常需要花十年左右时间。埃隆·马斯克宣称"星链"2023 年已经实现了正向现金流，并实现了盈利。无疑，SpaceX 的"星链"已经迈出了成功的第一步。

与此同时,中国的卫星互联网也正在蓬勃发展。2014年国务院颁布新政,首次打破商业航天政策门槛,允许民营企业参与发展商业航天力量。星河动力、星际荣耀、蓝箭航天、东方空间等民营火箭和卫星公司陆续成立,并获大额融资。

2020年9月,中国以代号GW提交了星座频谱申请,计划发射12 992颗卫星,抢占稀缺的轨道频谱资源。2021年4月,中国星网公司正式成立,负责统筹规划中国卫星互联网领域的发展,被誉为中国版"星链"。

中国卫星互联网、商业航天任重道远。在我国广袤的中西部地区,以及"一带一路"沿线国家,卫星互联网有着广阔的市场需求,东部地区的服务体验改善也对应着较大的市场。中国商业航天值得期待,蕴藏着巨大的创业和投资机遇。望国家力量与民营企业能够有机互补,盼中国"星网"早日应用。

此外,在医疗行业,同样是技术领先的创新药,为何因面向不同的市场而导致市值、收入相差极大呢?

因为不同领先技术针对的病种不一样,而不同病种的市场规模不同,营收、净利润差别巨大。

KEEP GROWING
SIMPLE
**高质量增长实践**

### 艾伯维:凭"修美乐"登顶"全球药王"

类风湿性关节炎、银屑病关节炎等风湿病是常见的慢性炎症性疾病,因此抗风湿病药物市场规模较大。美国艾伯维公司推出的修美乐(Humira)于 2002 年 12 月获批类风湿性关节炎适应症(仅此一项适应症全球就有约 1 800 万患者),并迅速获得市场认可,在 2004 年销售额就达到 10 亿美元。之后,修美乐的适应症不断拓展,2005 年获得 FDA 批准,可用于治疗银屑病、关节炎(全球约 1.25 亿患者),2006 年获批用于治疗强直性脊柱炎,2007 年获批用于治疗成人所患的克罗恩病,2008 年获批用于治疗牛皮癣和幼年型特发性关节炎,2012 年获批用于治疗溃疡性结肠炎等。修美乐陆续在全球范围内获批 17 种适应症,2012 年挤掉了辉瑞的立普妥,成功登顶全球"药王"。2022 年,修美乐在巅峰时期创造的年销售收入达 212.37 亿美元。艾伯维公司全年营收 580.54 亿美元,其中修美乐的销售收入占比接近 50%。修美乐上市以来累计销售收入超过 1 500 亿美元。艾伯维公司当前的市值为 3 460 亿美元。

有些创新药的市场规模则较小，比如用于治疗罕见疾病的创新药物，这些疾病的患者数量通常较少。肌萎缩侧索硬化（又称渐冻症）就属于罕见病。据估计，大概每 10 万人中有 3～5 人患此病，在全球 80 亿人口中，大概有 40 万名患者。因此，治疗该病的药物是典型的"孤儿药"，市场规模相对较小。但此类药物的研发和生产成本较高，定价通常较高，以弥补市场规模的不足。日本大冢制药株式会社生产的依达拉奉（Radicava）就是一种治疗肌萎缩侧索硬化的创新药物。一年的治疗费用大概 14.5 万美元，非常昂贵，普通患者根本无法承受。

纵观全球头部大型药企，礼来、诺和诺德、默沙东等，无一不是在"刚需"的大市场中，实现了治疗广泛数量患者与自身商业价值提升的双赢。

**当今，硬科技新技术毫无疑问是第一生产力，但其依然要遵循市场规律与客户需求。**

不少有科研背景的创业者时常高估自身技术实力，认为高科技产品但凡能上市，必然大卖。但硬科技、新技术只有能够满足大市场的大需求时，才能产生较大的商业价值。如果只是应用于小市场，或者只是满足了伪需求，所创造的商业价值将非常有限。

因此，企业家和创业者应首先找到核心客户的核心需求，所谓"一米宽、一百米深"，即先要找到那颗"钉子"，再寻找或设计能够满足核心需求的"锤子"，即核心产品。切莫从自己的喜好出发，切勿本末倒置。

## 追问之三：满足核心客户核心需求的核心产品是什么

核心产品是满足核心客户核心需求的主要载体，也是极简增长的关键抓手。

### 寻找你的"主打歌"，核心产品是企业经营的"抓手"

多数音乐专辑里只有主打歌是最受欢迎的歌曲，专辑里的其他歌曲往往只是赠送的餐后小甜点而已。

只有阿里、京东、亚马逊等极少数超级平台企业可以借助互联网无限货架和海量流量提供超级丰富的选品，此时，"多即是少"。除此之外，多数企业应该突出核心产品，大型企业的子公司、事业部也应该坚定地突出核心产品，此时，"少即是多"。

即使像大型超市开市客、7-ELEVEn便利店等，也都致力于精选和减少最小存货单位（SKU）。

同时，核心产品必须满足核心客户的核心需求，如果核心产品只满足了核心客户的非核心需求，那么，企业一定会活得艰难，只是一家客户价值非常有限的边缘化企业。

如果核心产品只是满足了非核心客户的核心需求，那就是典型的"错配"，说的是A，做的却是B，通常这类企业注定是白忙活一场。

如今仍有不少企业热衷于"机海""车海""菜品海"等繁杂的产品线，核心产品不突出或不清晰，这类企业早晚会陷入经营困局。

每家企业或企业中的阿米巴经营体[1]亟须找到自己的"主

---

[1] 阿米巴经营体是一种企业管理模式，由稻盛和夫率先提出并实践。这种模式的核心思想是将组织划分成小的、能够独立核算的单元，类似于生物中的"阿米巴原虫"。——编者注

打歌",即满足核心客户核心需求的核心产品,并以此作为企业经营的主要"抓手"。

KEEP GROWING SIMPLE
**高质量增长实践**

## 聚焦核心产品,理想汽车实现逆袭

理想汽车曾经是"蔚小理"中的"吊车尾",但理想创始人李想有个别名"产品暴君",再加上资金的匮乏让他只能押注一款车型,但恰恰是这种聚焦核心客户打造核心爆品的战略让理想在新能源汽车赛道中后来者居上。

理想汽车的核心客户画像是"奶爸",有 2 个孩子+父母。中国城市很多家庭存在爷爷奶奶帮忙带孙子的情况,这种情况在国外基本不存在,这就导致国外设计的 7 座车,后排向来只是摆设,从来不是为老人孩子准备的,用户体验较差。

理想汽车的核心客户就是中国城市里的"奶爸奶妈",致力于解决大家庭出行的问题。"奶爸"的核心需求是"既要面子,又要里子"。"面子",就是"顾家的好男人",因此理想 7 座 SUV 以其宽敞的空间、舒适的乘驾体验,成为全家出游的理想选择:无须担心续航问题,多屏交互系统让旅途更便捷,孩子们可以在车上进行娱乐互动,甚至配备了冷热冰箱,成为郊游露营"神器"。当然也要"里子",三四十岁的奶爸依然是"少年",在车里打会儿游戏,看看视频,是在工作和顾家空隙给自己保留的些许娱乐空间。

此外,电动车的潜在买家普遍存在续航焦虑,理想则通过增程式混动车型解决了这个痛点,虽然增程式电动车原理很简单,被认为是"过渡性技术",甚至是"落后技术"。

基于核心客户的核心需求,理想聚焦于核心产品,推出了 L7、L8、L9 三款产品,三款车型除车身尺寸不同之外,几乎一模一样。2023 年 10 月,全部三款车型销量均位居所有车型销量总榜的前 10 名。

理想汽车作为"蔚小理"中成立时间最晚、量产交付时间最晚、上市时间最晚的"插班生",聚焦核心客户的核心需求、核心产品、核心销售系统,历时 8 年,实现了千亿营收、百亿盈利、千亿现金储备,创造了中国汽车品牌成长的奇迹,市值一度冲击 500 亿美元,成为继特斯拉、比亚迪之后全球第三家实现年度盈利的新能源汽车企业,也是全球最快实现盈利的新能源车企。

然而,理想随后推出的 MEGA 首款纯电车遭遇了极大的争议,显然,该产品对核心客户定位、核心需求的把握都存在较为明显的偏差。

为此，理想汽车首席执行官李想发布全员内部信，他在内部信中指出：我们从上至下过于关注销量和竞争，让欲望超越了价值，让我们原本最擅长的用户价值和经营效率显著下降。对于欲望的追求，让我们变成了自己讨厌的人。知错就改，解决方案是降低销量的预期和欲望，回归健康的增长。聚焦用户而非竞争，聚焦价值而非欲望。回归我们最擅长的用户价值的提升，回归我们最擅长的经营效率的提升。

"成也核心产品，败也核心产品。"

这并非让企业家或创业者退回依靠众多产品线，走"东方不亮西方亮"的老路，而是警示企业家和创业者对核心产品必须永存敬畏。每推出一款核心产品都必须如临大敌、如临深渊，不能有丝毫大意，绝不能认为之前成功了，这次一定还会成功。

中国电动车竞争日益白热化，全球化浪潮风起云涌，华为、小米的强势入局和传统大车企的全面跟进，理想汽车必将面临更为残酷的竞争。理想汽车能否持续健康成长，能否实现2030年成为全球领先的人工智能企业的目标，仍需要时间检验。但相信未来中国电动车的领导者一定会是十年如一日将核心产品、核心需求、核心销售系统等皆做到极致的卓越企业。

正是因为深知打造成功的"核心产品"的艰难，我们才一再强调和提醒企业家、创业者务必永远心存敬畏。核心产品是企业经营的"主线"，"核心产品之战"是企业输不起的决战，而且这是一场永不停歇的战争。

### "一人得道，鸡犬升天"，敢于集中投入核心产品

企业家和创业者为了促进业绩增长，本能地习惯做加法，热衷于大搞产品系列、产品矩阵，导致产品线非常庞杂，但业绩反而一般。聚焦核心产品，全力将核心产品打透卖爆，业绩才能更好。古人云，"一人得道，鸡犬升天"，核心产品销量起来了，品牌美誉度大幅提升，客户流量显著增加，自然而然就会带动其他产品的关联性销售。

---

**高质量增长实践**

#### 打造核心大单品，瑞幸起死回生的方法

瑞幸咖啡能够起死回生，核心大单品是首要功臣。

2021年4月推出的生椰拿铁，首年销量7 000万杯，3年销量7亿杯。大单品也帮助瑞幸有效提升了获客效率和用户黏性。

瑞幸乘胜追击，2023年9月，与茅台联名推出"酱香拿铁"，实现单品首日销量542万杯，销售额首日突破1亿元的佳绩。截至2023年底，酱香拿铁4个月销售额达到9亿元，堪称现象级产品。很多年轻人号称人生的第一口茅台从瑞幸开始。

在核心爆品带动下，瑞幸咖啡的业绩表现令人瞩目，公司财报显示，2023年总净收入为249.03亿元人民币，同比增长率高达87.3%，收入规模再创历史新高，超越星巴克中国，成为中国最大的咖啡连锁企业。根据美国通用会计准则，2023年瑞幸咖啡营业利润为30.26亿元，较2022年实现了翻倍增长。

瑞幸咖啡2023年净增门店8 034家，2023年末国内门店数量达16 218家，其中自营门店10 598家，联营门店5 620家。2023年新增交易客户数超过9 500万，累计交易客户数已达到2.3亿，其中，第四季度瑞幸月均交易客户数突破6 200万。

**无论是营收、净利润，发展新用户、留存老用户，抑或是发展加盟商、拓展新店，核心爆品都发挥着举足轻重的引领作用。**

2020年以来，瑞幸生椰拿铁、生酪拿铁、冰吸拿铁、酱香拿铁、马斯卡彭生酪拿铁、烤椰拿铁等大单品屡屡引爆市场，并进而带动全线产品热销。由此可见，瑞幸咖啡打造大单品的能力，不是偶然为之或者昙花一现，而已经成为公司的核心竞争力和可复制的经常性经营行为。

打造核心产品，必须敢于聚焦核心产品，敢于投入，并在研发、生产、营销、服务等所有环节联动、敢于投入，形成一致性和协同性，真正像好莱坞打造大片一样打造超级大单品。

1975年，斯皮尔伯格的《大白鲨》（*Jaws*）的成功让好莱坞意识到做一部迎合大众口味的高预算、大制作电影比做几十部小制作电影更加有利可图，电影业的"大片"商业模式就此诞生了。这其实就是核心爆品的逻辑：高投入才有高回报。

《阿凡达》（*Avatar*）投资2.61亿美元，全球票房31亿美元，《复仇者联盟3：无限战争》（*Avengers：Infinity War*）投资3.61亿美元，全球票房20亿美元。众多成功的"大片"产生了傲人的票房与衍生品。当然，"大片"的巨大投入也可能会产生巨额亏损。

爆品通常具有独特的竞争优势，能够与其他产品明显区分开来。这就需要创新的技术、独特的设计、独特的功能或用户体验。为此，需要开展大量的研发工作，包括技术研究、产品设计和创新等。

同时，供应链投入往往必不可少。或许在生产设施和设备、原材料采购、生产线优化等方面也需要进行相应的投入，可能需要建设新的生产基地，购买先进的生产设备和机器人，等等。

有效的营销和推广策略则是将核心产品推向市场并吸引消费者的关键。

总之，**核心爆品的打造并不是一个"金点子"，而是一个庞大的系统性工程**。研发、生产、供应链、营销、服务等各个环节都需要协同运营起来，围绕核心客户的核心需求，聚焦核心产品，才有可能打造出爆款产品。在这个过程中，必须敢于集中企业的资金、资源、人力等进行压强性投入。

相信企业家或创业者都发自内心地希望成功打造爆款产品，但打造核心爆款产品的关键在于，要敢于在核心产品上集中投入足够的资金和资源，敢于要求公司各个环节和部门力出一孔，敢于调动和集中组织的力量打一场大仗，敢于坚持压强原则，才有可能最终走向成功。

当然，这个过程中一定存在风险，但规避风险的首要原则恰恰就是紧抓满足核心客户核心需求的方向不动摇，"以客户为中心"进行衡量和决策。

每一款爆品背后都意味着庞大的供应链投入。

以酱香拿铁为例，按官方披露首日销售额等推算，瑞幸首周备货的成本就可能达到1亿元以上。如果没有强大的供应链能力支撑，很难在全国一夜之间打响一个爆品！聚焦核心产品、打造爆品需要极大的决心和勇气，在供应链上敢于投入，敢于承担风险。

为什么企业家、创业者都认可要打造核心产品，却往往没了下文，因为你不敢进行压强性投入、害怕集中投入、恐惧失败的风险，而核心产品一定是"压强性投入"的结果。

敢于聚焦核心产品，将它放在C位，集合所有资源打造核心产品所引发的现象级事件，必然会激发用户和媒体的自发传播和参与，这相当于获得了价值数亿的免费广告效应，会极大地促进线下或线上到店行为，这种万众瞩目的话题与市场现象，自然会带动其他产品的关联性增长。

聚焦核心产品的力量，远比你想象得更强大。

## "10倍好，核心产品的梦想指标"

《只有偏执狂才能生存》（Only the Paranoid Survive）作者、英特尔董事长安迪·格鲁夫（Andy Grove）提出了著名的"十倍速变化"理论："每一个战略转折点都表现出10倍速的变化，而每一个10倍速变化都会导致战略转折点。"

《从0到1》（Zero to One）作者彼得·蒂尔（Peter Thiel）则提出了"10倍好理论"："公司必须力争做到10倍的改进，稍有改进对终端用户来说就是毫无改进。只有10倍的改进，你的产品才能给客户带来明显的优势。"

将此理念用在核心产品打造上，我认为"10倍好"是打造核心产品的梦想目标。企业应探索如何面向核心客户的核心需求打造与竞争对手或潜在竞争对手相比"10倍好的产品"。如今，"好一点"、"好一些"作用都非常有限，都会很快陷入同质化竞争，甚至"大幅领先"也远远不够，很快就会被竞争对手迎头赶上。因此，我们只能做到极致，以"10倍好"为梦想目标。

华为余承东 2023 年提到华为产品"遥遥领先",成为"出圈"的热门话题。其实,"遥遥领先"与"10 倍好的产品"异曲同工,今天,只有"10 倍好"才能脱颖而出。

当你的企业所在的行业正在经历 10 倍速变化时,行业领先、只做第一,才会让你成功。芯片领域就是一个 10 倍速发展的市场,从美国科学家威廉·肖克利(William Shockley)等于 1948 年发现三极管,到如今还不到 80 年时间,芯片已经遍布全世界的各个角落,让人类从此进入信息化时代。

全球光刻机顶尖制造企业阿斯麦,虽然出身名门,最早是飞利浦孵化的一个项目,但长期不被看好。1984 年春天,对前途已经不抱什么期望的 47 名飞利浦员工进入飞利浦新的合资企业阿斯麦,感觉似乎被飞利浦抛弃了。当时阿斯麦的市场份额是零,而到了 2009 年,阿斯麦已经超过日本尼康、佳能,占领了光刻机 70% 的市场。

保持技术领先,做"十倍好产品",选择一个 10 倍速发展的行业,是获得成功的关键。阿斯麦如今独步天下的 EUV 光刻机就是最好的例证。该公司由此获得了光刻机市场的最大红利。

除了比竞争对手产品性能或技术领先 10 倍，还可以将成本降至竞争对手成本的 1/10。

KEEP GROWING SIMPLE
**高质量增长实践**

### 大疆：以现成零件"拼"出全球无人机市场霸主

在中国就有这么一家追求极致低成本的高科技企业——大疆，它是全球最大的无人机制造商之一，占据了全球约 70% 的商用无人机市场。

在中国企业专利 500 强榜单上，华为排第一位，大疆排第四位。大疆专利技术多达 5 000 多项，占全行业专利数量的 70% 以上，几乎涵盖了设计、控制、遥感、装置、航线生成方法、存储介质等各细分领域。

同时，日本某无人机制造商透露，若想制造出与大疆具有相同功能的产品，该制造商的材料成本是大疆的 3～4 倍。大疆"御"系列 MAVIC PRO 铂金版无人机，价格仅 1 000～1 500 美元。在相同的技术参数下，美国同行的产品价格至少要达到 10 倍以上。

高科技往往与物美价廉不可兼得。那大疆怎样解决这个"矛盾"呢？

大疆和马斯克可以说"不谋而合"。马斯克抛弃了航天领域常用却无比昂贵的碳纤维,采用更为常见的不锈钢材料制造"星舰",材料成本从 130 美元/千克降到 4 美元/千克。大疆则使用一系列现成的零部件以革命性地降低成本,它使用的是智能手机和计算机中常用的零部件,这些零部件约占零部件总量的 80%,其中价格超过 10 美元的部件非常少。据《日本经济新闻》报道,只有控制螺旋桨的半导体是大疆的专有部件。

很显然,这两家企业都在利用成熟可靠的工业化产品代替"高科技专属款",实现革命性地降低成本。低成本是商业化的基础,是增长的根基。

如果真能最终做到"10 倍好的产品",那企业将有望赢得压倒性优势地位;即使尚未达到"10 倍好",也会领先或显著领先竞争对手,所谓"取法于上,得乎其中",而且企业的上上下下都有了共同努力的宏伟目标,这对打造企业积极向上的企业文化、持续创新和改善的精神都有着极为正面的作用。

正如《一代宗师》里的经典台词——"念念不忘,必有回响",相信在"10 倍好的产品"梦想指标的指引下,企业核心产品的竞争力将日益增强,也必将为客户创造更大的价值。

## "将简单留给用户,将难度(复杂)留给自己"

"将简单留给用户,将复杂(难度)留给自己"是每一家企业在打造核心产品时都应竭尽全力实践的产品哲学。

"将简单留给用户"指站在用户视角,给用户带去极致体验,从而促进用户的复购和净推荐值(Net Promoter Score,NPS)。

"将复杂(难度)留给自己"指为了满足用户的极致体验,倒逼企业自身提高能力,解决和攻克研发、生产、服务过程中的各种难题,从而在客观上构筑竞争门槛,逐步形成护城河。

产品的极简并不仅仅体现在外形设计上,更重要的是带给客户更简单、易用、便捷的极致人性化体验。这是所有产品设计都应遵循的理念。

首先站在用户视角设计产品,而非首先站在企业自身视角设计产品,是产品设计的常识,但要真正做到却殊为不易,因为这违背了人的本能习惯。

当然,首先站在用户视角设计产品之后,仍需要回到企业自身,评估企业的研发、生产、运营等能力是否足以支撑该设计方案的实现，财务账是否算得过来。如果答案是否定的，那就只能回到起点重新设计。

但首先站在企业自身视角设计产品，再去考虑用户是否接受这个设计方案，再去设计营销推广方案，这可能是众多企业的经营现实或习惯，但这种"以自我为中心"的经营方式大概率会走向失败。

苹果公司刻在骨髓里的是极简产品思维，即产品真正的创新不是做加法，是做减法、做除法。iMac产品从2004年到2018年的进化，基本形式没有任何改变。唯一变的就是越来越薄，零部件越来越少。

然而，为了用户极致体验所追求的极简设计，在研发和供应链方面却往往会给企业带来更大的挑战。

**KEEP GROWING SIMPLE**
**高质量增长实践**

### iPhone 重新定义手机，iPhone 4 重新定义 iPhone

iPhone 4 曾经是苹果历史上最成功的一款手机，如果说 iPhone 重新定义了手机，那么 iPhone 4 就重新定义了 iPhone。它让人们眼前一亮，智能手机原来可以做得如此简约、漂亮。

iPhone 4 工艺上的一个显著特点是采用了不锈钢边框，搭配上前后玻璃，让整机有了一种硬朗、坚固、简洁之美。时至今日，iPhone 4 的不锈钢边框的制造工艺依然代表着行业顶级水平。其结构的复杂度和加工的精细度仍令人赞叹不已。不锈钢边框的内部构造，则采用计算机数控技术直接切削出形状，工艺超级复杂。

极简设计的首要目标是创造用户的极致体验，它未必会带来成本下降，甚至在某些情况下，可能会导致成本增加，或者给企业自身经营带来巨大的挑战。比如，特殊材料的选用、加工定制零部件和工艺、限量生产和手工制作、设计和工程复杂性，苹果经常采用的无可见螺丝和接口的设计就需要更复杂的装配和连接方式。这些都需要额外的研发和工程投入。为此，苹果对供应链的要求极为严苛，对供应链的参与深度与帮扶力度也都极大。

所以，**真正的极简设计背后往往是"匠心精神"和强大的供应链能力，而未必是降低成本，更不是偷懒省事、偷工减料。**

与之相反，曾经的手机霸主诺基亚，却总是给产品做加法，产品线涵盖了高、中、低各个层次，生产了无数型号、形状、功能的手机。其高端手机不断强化功能，越做越复杂，甚至扩大屏幕增加键盘，硬生生把手机做成了计算机。

极简设计做除法、做减法，往往需要采用新设计、新材料、新工艺，简单的背后是对复杂事物的创新突破。而诺基亚这种做加法的行为，无非是粗暴地进行各种硬件和功能的堆叠，其背后是思维的懒惰，是对创新的漠视，是对创新所带来改变的恐惧。

生于创新，死于繁杂，是诺基亚手机血泪一生的写照。

有时，极简设计看似简单，其实实现难度较大，要给用户带来极致体验其背后往往是创新；而粗暴堆叠功能的设计看着很复杂，但其实做起来很容易，因为业内一直都习惯于这么做，虽然用户并不喜欢。

### 通用人工智能时代，对"极简用户体验"的极致追求

一年来，围绕微软、OpenAI 与谷歌的人工智能大战引发了全球瞩目，人工智能问答是否能对传统（谷歌）搜索引擎产

生替代和颠覆成为全球广为关注的话题，而这背后就是对"极简用户体验"的极致追求。

谷歌的搜索框极其简洁，但其背后是谷歌搜索极高的技术能力支持。例如，需要"佩奇等级系统"对链接评级，需要比当时同类搜索引擎大得多的计算能力，需要分析多个单词组合在一起后用户的真实需求，需要强大的数学公式不断优化搜索的速度与质量。

因此，谷歌在搜索领域成功实现了"将简单留给用户，将复杂（难度）留给自己"的产品哲学，形成了强大的"护城河"。这一巨大反差使得谷歌既赢得了海量 C 端用户的认可（全球搜索引擎市场占有率超过 90%），亦赢得了广告主青睐。2023 年谷歌营收达到 3 073.94 亿美元，归属于普通股东的净利润达到 737.95 亿美元，市值一度冲上 2 万亿美元，树立了高竞争壁垒。

KEEP GROWING SIMPLE
**高质量增长实践**

## OpenAI：用"一句话生成视频"震撼世界

2022 年 11 月底，OpenAI 的 ChatGPT 横空出世，

短短 2 个月就实现了日活用户过亿，对搜索引擎的前景产生了直观的冲击。以 ChatGPT 为代表的新一代人工智能之所以被寄予厚望，就是因为它把"将简单留给用户，将复杂（难度）留给自己"的产品哲学进一步推向极致。

在用户端，它更为简单，简单到用户会说话、会打字就可以使用，而且得到答案的可能性较传统搜索引擎实现了革命性提升，正在由获得信息迈向"完成任务，输出成果"。用户端的极致体验背后是参数量极为庞大的训练大模型，每一次大模型训练都需要庞大算力的支撑。

2024 年 2 月中旬，OpenAI 推出的文生视频大模型 Sora，根据用户简单的一句话和文字描述，就可以生成非常逼真生动的 60 秒视频。OpenAI 从"一句话生成文章"到"一句话生成视频（世界）"的进化震惊世界，然而这仅仅是开始。

2024 年 10 月，OpenAI 最新一轮融资估值达到 1 570 亿美元。

大模型和 AIGC 技术进一步成熟和普及，将生成更长的视频、提供更大的算力、积累足够多的数据、进一步提升对人类用户需求的理解，在不远的将来，只要人类下达简单的命令，人工智能就可以为人类完成更为复杂的生产和服务任务。

例如在出行领域,"携程"是通过互联网提供各种出行信息,如航班时刻、火车时刻、各地的酒店信息。用户需要根据自己的需求进行检索、查询、确定最后的行程安排。如果一次出行要去多个地方,这是一个相当复杂的事务。

在人工智能时代,人工智能携程的界面可能只有一个对话框,只要通过语音或文字输入你的需求,人工智能智能体就可以分析用户的出行偏好、历史数据等信息,提供个性化的旅行推荐和定制化的行程安排。通过智能推荐算法,网站可以为用户提供更准确、更符合其需求的旅行建议,而后,用户可以方便地通过"一键定制"完成这一复杂的任务。

人工智能时代必将用户体验提升至极致,而通用人工智能(Artificial General Intelligence,AGI)领导平台的话语权和综合能力将实现全新的飞跃。在这条道路上,人工智能企业将展开激烈竞争,谷歌与微软、OpenAI 的竞争也刚刚开始,而人类历史上第一家 10 万亿美元的企业将在人工智能领域诞生。

与在 2C 领域追求"用户极简"相类似,在 2B 领域使用的各种工业设备、商业设备,往往体积庞大、结构复杂、使用环境恶劣,同样需要极简设计,让操作更简单便捷、更人性化。

随着科技的发展、生产工艺的进步，设备、仪器、器件的基础部件组成已经超级复杂，如3纳米芯片每平方毫米可能容纳高达5～10亿个芯片，一架波音747-400由600多万个零部件组成。

这些超级复杂的零部件所组成的设备，完全超越了碳基人类依靠肉体肉眼可以操作的范畴。如果不能实现智能化、集成化、简单化，人类已经无法正常驾驭这些复杂设备，无法发挥设备的应有功能。

无人驾驶技术是一种通用型技术，既可以应用在乘用车上，也可以应用在重型卡车设备上，可以应用在各类开放场景（如城市交通、公路长途物流运输）或封闭场景中（如港口、矿山等）。

某无人驾驶创业公司通过引入极简增长理念，将无人驾驶技术重点聚焦在露天矿山的宽体车运输场景上，因为这个场景可同时满足"技术—产品—商业化"的必要原则：露天矿山客户需求明确且痛点强烈，他们考虑的是安全、生产环境、成本等，商业化条件充分，在封闭生产环境下无人驾驶技术成熟，产品销售模式和运营服务模式均有清晰的路径，市场规模大。

正是基于以上整体研判，该无人驾驶企业聚焦到露天矿宽体车运输场景。为了让客户的简便体验极致化，在无人驾驶软件和套件研发和销售的基础上，构建了一揽子运营调度系统平台以及矿区地图实时更新系统，围绕客户形成端到端的运营服务能力，露天矿山客户可将车辆—无人驾驶—地图更新—运输运营调度等整体外包给无人驾驶公司。

同时，该系统又保持足够的开放性，能够和客户现有的车辆、系统进行融合对接，实现整体运营调度优化。

将简单留给用户，不仅指设备本身操作的简单性，对工商业客户而言，从订单、培训、运营使用、维护与处置的全生命周期服务都渴求更便捷、更简单的人性化服务。

诸多设备厂商都在尝试通过数字化的方式为客户提供更便捷的全方位服务，通用人工智能将极大地加速这一进程。

因此，无论是在 2C 领域，还是在 2B/2G 领域，"将简单留给用户，将复杂（难度）留给自己"是创造客户价值的主要方向之一，是打造核心产品的"不二法门"。通用人工智能时代将全面加速这一趋势的来临。

## 追问之四：核心产品的核心销售系统是什么

再好的产品，也要依赖销售系统才能实现业绩的增长，才能体现产品的价值，才能为客户创造价值。销售系统有直销/渠道、大客户/零售、线上/线下、交易型销售模式/顾问式销售模式等多种分类和组合。每一种销售系统背后的核心能力、团队建设、销售流程、奖惩制度都不尽相同。

KEEP GROWING SIMPLE
**高质量增长实践**

### 东鹏饮料，不同区域的不同销售模式

前文所讲述的东鹏饮料是以渠道零售模式为主，当前经销收入占比 89%，2023 年上半年其 2 796 家经销商覆盖了全国 330 万个终端。

东鹏饮料此前采用"大经销大流通"制，2018 年起改为在核心市场广东、广西、华东、华中采取全渠道精耕直控终端，配备销售人员和经销商/批发商共同开发和管理零售终端。在待开拓市场仍沿用"大流通"模式，选择有实力的大经销商主导销售及终端维护。

此外，东鹏饮料自 2015 年起使用二维码技术"一瓶一码"和"一箱一码"，商家扫码可获得奖励。"鹏讯云商"

平台将业务员管理、库存监控、网点服务融合，有效地防止了窜货乱价（发现后取消经销权），并规划业务员拜访路线和时间，提升了对终端的管控力。

再如华大九天，它的主营业务是 EDA 专业芯片设计软件开发销售，核心客户是芯片研发企业，核心销售系统是典型的"大客户"项目型销售。根据华大九天的招股说明书，报告期内公司对前三名客户的销售金额分别为 1.40 亿元、2.08 亿元和 2.63 亿元，占营收比例分别为 54.48%、50.07% 和 45.40%，客户获取方式均为"商务谈判"。这里的"商务谈判"指的就是大客户顾问式销售。

在大客户领域，为了加强与大客户的直接互动，直销形式往往占据主导地位，当然，这并不排除企业在某些区域或行业大客户领域发展经销商或协销商。

据《隐形冠军》一书统计，83% 的隐形冠军采用的是直销模式，29% 的隐形冠军通过经销商进行间接销售。这两种方式的百分比之和为 112%，大于 100% 是因为有些公司同时采用两种方法。不过可以确定的是，大约 70% 的隐形冠军为了与客户保持深入持久的合作关系，只采用了直销模式。基于同样的原因，隐形冠军倾向于通过自己的子公司而不是进口商或者代理商开拓海外市场。

大客户销售系统面对的不是大客户中的某个人,而是面对大客户中的众多角色。大客户之中,既存在着企业级需求,也存在着不同角色的需求。因此,大客户销售需要提供一个完整的解决方案,满足各方的核心需求。这个过程不是简单的产品交易,而且从项目线索获取到最后交付完成,周期长、难度大。所以,大客户销售对销售团队的专业性、组织能力都提出了较高要求。

因此,大客户顾问式销售需要充分展现专业性,比客户更专业,并将"专业性有形化可视化",同时,"帮助客户成功"是其使命,"将大客户做大"是其成功关键,发展"灯塔客户"或"标杆客户"是其有效的拓展手段。

**销售系统最大的问题是"错配"**

核心销售系统是实现增长战略的基本保障,根据核心客户的核心需求、核心产品方能确定企业的核心销售系统。切忌各想各的、各干各的、各自为战,那样难以力出一孔。

核心销售系统要面向核心客户的核心产品发力,再难啃的骨头，也要"不破楼兰誓不回"。面向核心客户的核心产品，即使订单再小，也应重视，丢掉了面向核心客户的核心产品订单，必须深度复盘反思。相反，面对非核心客户的订单，或者是核心客户的非核心产品订单，即使再大，也不应牵扯精力。即使有可能赢单，也不应该签单，因为这类订单可能会将公司拉扯向错误的战略方向，结果往往是"因小失大"。

核心产品在核心客户层面的每一个阶段性进展，都值得"鼓与呼"，值得重奖，因为企业正在朝着既定的战略方向前进；非核心产品的订单，经评估后即使决定签约，也只是一个战术层面的进展，并不值得大书特书，奖励亦要适度。

所以，核心销售系统在顶层设计、资源配置、部门架构与奖励、具体销售策略等方面都应坚决全方位地与核心客户的核心需求、核心产品保持高度匹配，避免"错配"或冲突。

例如，企业给销售团队制订的 KPI 就不能仅仅是销售额、利润等笼统的指标，而应是面向核心客户的核心产品的销售额、利润、应收账款等指标。

结合核心产品特征，研究核心客户的购买场景是设计核心销售系统的抓手，"销售场景错配"是常见现象。

东鹏特饮的核心客户是货车司机等蓝领人群，他们经常活动的区域是货源站、高速公路服务区等，因此与之匹配，主要的零售终端就应是货运站的"小卖部"、高速公路服务区的"小超市"。

元气森林主打"零糖零卡"，核心客户是年轻人，元气森林的零售终端就是首先发力连锁便利店这类新渠道。

娃哈哈则是将产品铺向全国300余万个商超、夫妻店。

如果东鹏特饮并非选择在货运站的"小卖部"、高速公路服务区的"小超市"等蓝领密集的场景铺货，而是追求时髦或者模仿红牛进入一、二线城市的连锁便利体系，那么可能早就失败了。

都是饮料，核心客户不同，所选择的零售终端就应不同。此外，零售终端只是销售系统的组成部分，还有覆盖这些终端的代理渠道，它们共同组成一个完整的销售系统，我们可以称之为"渠道零售系统"。

当年，曾有人问宗庆后成为中国首富的成功要素，宗庆后说："秘诀只有一条——渠道，也就是我们娃哈哈的联销体。"

通过"联销体"模式，宗庆后将生产商和经销商强力捆绑在一起：全国8 000多家一级批发商，16万家二级、三级批发商，以及超过300万个零售终端，共同编织成娃哈哈的销售网络。娃哈哈饮料帝国2013年销售额近783亿元，这一纪录在饮料行业至今未被超越，娃哈哈2023年营收在500亿元以上，仍处于饮料行业第一集团的位置。

同类产品选择了同样的销售系统框架，只能说基本的销售管理逻辑近似，但在零售终端类型、渠道代理类型的选择上，在渠道层级设计与渠道政策上，可能会有显著差异。而这一切都需要与核心客户的核心需求、核心产品相匹配。

再如，销售资源的"错配"也颇为常见。

前文谈了聚焦核心客户的核心需求、核心产品，核心销售系统同样要聚焦，一旦确认一个核心区域零售市场或一个行业大客户市场，就应聚集竞争者3倍、4倍、5倍的资源和力量在核心产品销售上，迅速打开局面，形成显著的竞争优势。

但在实践中，很多企业恰恰犯了"摊大饼"的错误。一种常见现象是资源平均分配，"吃大锅饭"，没有体现对主攻市场的"特区政策"或"特事特办"。另一种现象也非常常见：虽然公司战略确定了聚焦于某个区域零售市场或者行业大客户市场发力，但销售团队因为认知原因、利益原因、能力原因等仍停留在原有的惯性之中，与公司战略路线南辕北辙或发生重大偏差。

又如，**销售能力模型与销售模式之间的"错配"**。

销售团队往往具有相对擅长的能力模型，如能与企业所选择的销售模式相互匹配，则可以事半功倍；相反，如果销售团队能力模型与销售模式之间"错配"了，往往只能事倍功半。

东鹏饮料从"大经销大流通"模式转向了"全渠道精耕终端"模式，虽然同样属于渠道零售模式大范畴，但是前者更类似于批发模型，管控大经销商的能力是关键。至于终端零售层面多由大经销商完成，品牌商销售人员通常既无能力，也无兴趣管理零售终端。

后者则更偏向零售模式，大经销商或者转化为物流、资金商，或者被边缘化，品牌商的主要能力在于零售终端的发展与管理。

而作为大客户顾问式销售，如果过去销售经验是"交易型销售模式"，只会短平快地卖产品，则无法赢得标杆客户、标志性订单，不能完成解决方案销售，往往会把大客户做小。

总之，企业家和创业者、销售高管应时刻高度关注"错配"的陷阱，在销售系统宏观、中观、微观各个层面，每时每刻都应关注是否与核心客户的核心需求、核心产品相互匹配或吻合。避免"错配"才能确保力出一孔。

**深度销售，销售系统的"有效性"**

深度营销（Area Roller Sales，ARS）是快消品领域著名的营销理论，是指企业集中资源（超过对手3～4倍的优势）先聚焦区域市场，并取得区域市场第一，再滚动复制成功模式，直至取得全局的胜利，过程如图3-2所示。

这个营销逻辑已经成为快消领域的制胜法宝。其核心思想是先聚焦某个局部市场，形成明显优势，再滚动复制。这一原则很容易理解，但如何贯彻到企业经营实践中呢？

历经多年实践，我认为务必第一时间建立和实施一个关键举措，即建立"有效性"评估体系：有效终端、有效代理、有效客户等。

**集中优势，冲击区域市场第一**

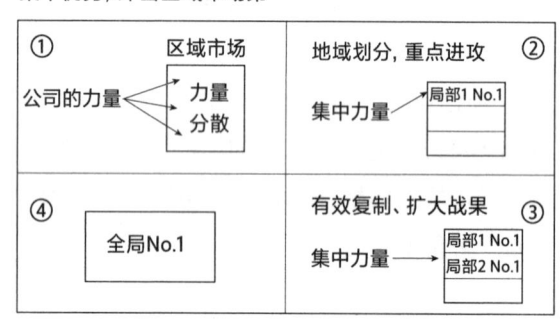

| ① 区域市场<br>公司的力量 → 力量<br>　　　　　　　分散 | 地域划分，重点进攻 ②<br>集中力量 → 局部1 No.1 | 集中3~4倍的优势，攻击区域市场，打地面战 |
| --- | --- | --- |
| ④<br>　全局No.1 | 有效复制、扩大战果 ③<br>集中力量 → 局部1 No.1<br>　　　　　　局部2 No.1 | |

图3-2　企业集中资源优势

众多零售连锁企业拼命放加盟、抢地盘、扩店数，痴迷于快速扩张，可时间不长，加盟商便怨声载道，加盟店更是纷纷倒闭。原因是什么？是缺乏"有效性"。连锁业店面不求多，覆盖不求广，但求"有效"。曾国藩的名言"结硬寨，打呆仗"，看似"呆"，却步步为营，稳扎稳打。

**连锁业不仅要"跑马"，更要"圈地"。**

所谓"圈地"，即指"有效性"，进而在该市场形成压倒性优势地位，使竞争对手难以进攻，即形成巴菲特所说的"护城河"。

在销售系统中，有效指标应该贯穿整个销售链，应该包含各个销售价值评估点。评估点既包括销售链中真实存在的交易节点，也应从地域/行业覆盖等维度制订有效评估指标。指标的选择可以是营业额、利润等经营结果指标，也可以是当前阶段实现公司战略的北极星指标。

以渠道零售系统为例，销售节点包括终端店面、经销商。那从这个维度就应设定和评估"有效门店""有效代理商"，以此评估销售链各个交易节点的"有效性"达标状况。

"有效门店"的有效指标可为月销售额或月盈利达到 $N$ 万元的门店。"有效代理商"的有效指标可为：月销售额或月创造盈利达到 $N$ 万元的代理商，或者管理和发展了"有效门店"达到 $N$ 家的代理商。

从销售覆盖维度，还可设定有效城市、有效省份、有效区域等评估体系。有效城市指前述有效门店数量达到了 $N$ 家的城市，或者该城市的门店中 $N\%$ 成为"有效门店"。有效省份则可指有效门店数量达到了 $N$ 家的省份，或者该省份的城市中 $N\%$ 城市成为有效城市。

各位读者都知道，用户生命周期价值（Life Time Value，

LTV）是指从用户生命周期内获得的收益总和。

不仅用户存在生命周期价值，其实，每一家门店亦存在"门店生命周期价值"，前述"有效性"指标就是为了提升门店 LTV。通过在某个城市/省份形成压倒性优势地位，将极大地增加该区域门店的 LTV，因为竞争对手很难进攻。日本 7-ELEVEn 在日本形成的统治型密集开店战略就是其成功的重要原因。

**KEEP GROWING SIMPLE**
**高质量增长实践**

## 7-ELEVEn 密集型开店，
## 打造品牌认知与物流效率的双赢战略

日本 7-ELEVEn 表示"密集型开店战略"的价值是多方面的。

从消费者的角度看，该战略可以极大提升他们对于 7-ELEVEn 品牌的认知，拉近他们心理上和门店之间的距离，进而提升他们进店的可能性和频率。随着开店数量的累加，门店密度达到一定程度后，顾客的认知度和心理上的亲近感都将直线上升，最终由量变引起质变，推动业绩强势攀升。

从营销角度看，因为日本 7-ELEVEn 会在即将开店或者已经开店的地区投放广告，那么更多的门店意味着广告效率的提升与营销成本的分摊。

从经营角度看，该战略可以确保门店督导（OFC）有充分的时间对每个店铺进行指导和帮助，不会将时间浪费在穿梭于不同门店的路上。同时，最重要的是该战略可以极大地提升物流配送的效率，革命性降低物流配送的成本。

一个类似案例是全球最大的比萨品牌达美乐，截至 2024 年第三季度，它覆盖 90 多个国家，门店总量达 21 002 家，在 2010—2019 年更成为美股最大赢家，市值增长超过 20 倍，远超苹果、谷歌、亚马逊等科技股巨头。

类似于日本 7-ELEVEn 的密集型开店战略，达美乐也会在一个地区海量开店，并将之称为"碉堡战略"（Fortress Strategy）。达美乐在对外分析中表示，碉堡战略使得达美乐距离消费者更近，进而为之提供更快、更稳定的外卖体验。一切消费者体验的提升都会带来更高的 LTV 和更低的配送成本，这意味着门店盈利更多，于是加盟店主也愿意开更多店铺，这也就形成了达美乐的飞轮效应。

在某些重要市场形成了统治型密集开店策略的连锁品牌，因其 LTV 被大大地提升，因此，资本市场在估值时会给予其资本溢价，体现在更高或较高的市盈率或市销率上。相反，到处跑马却"散打"的连锁企业，资本市场估值时会给予打折，即体现在更低的或较低的市盈率或市销率上。所以，资本市场对不健康的闭店率极为敏感。

2B/2G 的业务同样需要进行销售深度与有效性的评估，"大客户销售"应该对"有效客户""有效行业"等进行分析与评估。如果是"大客户渠道销售系统"，那应再增加"有效代理""有效协销商"等。

在大客户销售中，"将大客户做大"是一个重要原则。如果公司在某个大客户的销售额过小，或者都无法覆盖销售成本，或者随时会被大客户踢出局，因此，可设定"有效客户"的有效指标：公司占大客户同类产品采购额达到 $N\%$ 以上，或者大客户采购公司产品/服务，达到 $N$ 台或 $N$ 万元。

在大客户销售中，企业往往需要围绕某个行业或场景形成"行业解决方案"，或者进行行业性营销推广，如参加行业展会、论坛，形成行业口碑等。因此，对于一家处于成长期的企业来说，若试图覆盖多个行业领域的大客户，其成功的难度往往较大。因此，企业可设定"有效行业"的有效指标：公司在某个行业市场中的市场占有率达到 $N\%$ 以上，或者某个行业客户采购公司产品／服务，达到 $N$ 台或 $N$ 万元。

通过有效指标的设定、对大客户销售系统的有效性进行定量分析，可以有力地指导和约束销售行为，与销售团队达成共识，保证大客户销售系统专注、聚焦于将核心行业做深、做透。

不少 B2B 企业认为专注于某个行业市场，会因为下游行业的周期性波动给自己的经营带来较大的不稳定性，因此对行业聚焦往往心存顾虑。

事实上，只有首先成功实施下游行业聚焦策略，先做深、做透某个细分行业，先建立"根据地"并积累企业实力，与行业头部企业形成紧密合作关系，才能减少下游行业下行周期的影响。当行业处于下行周期时，被淘汰掉的一定是市场占有率低的落后企业。同时，只有通过在"根据地"所积累的资金、资源，企业才可能投入新技术、新产品研发，才可能拓展到新的细分行业，"熨平"某个下游行业的周期性波动。

工程机械是一个典型的呈现周期性波动的行业，国家加大基建投入时，行业发展就非常迅猛，基建投入趋缓时，行业业绩明显下滑。然而，在工程机械行业的风云变幻之中，有一家液压零部件企业——恒立液压（601100），借着中国大基建的东风，从5万元、7个人起步的小作坊成长为年净利超20亿元的A股上市公司，市值最高曾经达到1 803亿元。其核心产品"恒立油缸"在全球享有美誉，在工程机械行业的挖掘机油缸领域，其全球市场占有率达到50%。

恒立液压如何在一众液压企业中脱颖而出？

公司总经理邱永宁认为，"战略定力、国际化合作、自主创新"是制胜的三件"法宝"。"恒立始终瞄准主攻方向——液压件及其关联产业的发展。2011年，恒立液压上市后募集资金24亿元，这些资金没有一分钱流入房地产市场，而是用于技术改造和液压泵阀、马达等领域的拓展。我们是转型不转行、升级不跳级。"

恒立液压成立于1990年，1999年，公司的挖掘机专用油缸研发取得成功。此后的10余年里，该公司专注于工程机械领域，成为三一集团、徐工等知名工程机械企业的配套企业，解决了工程机械领域的"卡脖子"问题。2010年，恒立液压成为美国卡特彼勒公司的合格供应商，自此正式进入全球高端品牌工程机械的配套供应体系。恒立液压顺利把握住了工程机械第一轮周期，凭借挖掘机油缸业务顺势崛起。

如今，油缸产品线仍然是恒立液压的核心产品线。其2022年财报显示，公司整体营收81.97亿元。其中，油缸产品线收入达45.84亿，营收占比超过55.93%；行业报告显示，2022年我国挖掘机油缸行业市场规模约42亿元，恒立液压市场占有率达63%，也就是说，恒立液压挖掘机油缸的收入约27亿元。

1999年，恒立液压卖出第一个挖掘机油缸，23年后，挖掘机油缸仍然是恒立的核心产品，工程机械行业仍然是挖掘机油缸的核心细分市场。数十年的专注让恒立液压收益颇丰，2023年扣非净利润达到了24.47亿元。

工程机械行业是恒立液压油缸下游的核心客户群体，但这一行业周期性非常明显，2009—2011年是上行周期，2011—2015年是下行周期，2016—2021年又是第二个上行周期。在下行周期，公司将经营重点从挖掘机油缸扩展至盾构掘进设备、高端海工海事设备、空中作业与特用车辆等非标油缸产品。

前瞻性布局使得该公司在2011—2015年行业下行周期的收入表现显著优于行业平均水平。2011—2015年，挖掘机销量大幅下行，其间国内挖掘机销量的年复合增长率（CAGR）为–25.03%，该公司收入的年复合增长率为–1.02%，较为平稳。

综合来看，不论是行业向上还是向下，恒立液压在两次上行周期的营收及市场表现均优于行业平均水平，在下行周期时的业绩波动水平也低于行业平均水平，这不仅证明了公司在液压行业的核心竞争力，也验证了公司及管理层对行业趋势及公司发展的正确判断。

2021年全球液压市场规模约2 000亿元，我国作为第一大市场，在全球液压市场规模中的占比为36%，约700亿。挖掘机制造为液压件最大下游行业，占比约为33%。通过聚焦工程机械细分行业，恒立液压在大基建时代背景下取得了丰硕成果，积累了雄厚的实力，为拓展海外市场、非挖掘机市场以及其他液压产品抵抗工程机械下行周期的影响，提供了必要的资金、能力等关键支撑。

正是在工程机械行业的深耕，尤其是成长期对挖掘机领域的深耕，恒立液压才有条件提前进行新产品研发，在工程机械行业下行周期提前布局，抵抗工程机械下行周期带来的业绩波动的风险。

在此特别提醒各位企业家、创业者、销售高管,要将"有效性"作为销售系统的核心指标,坚持"深度营销",并将之作为销售人员考核的主要指标。"帮助客户成功""帮助加盟商赚钱"应该成为销售团队的价值观与文化,而不仅仅是一个摆设或一句口号。

**提高复购率和 NPS,销售系统的北极星指标**

开发一个新客户是维护一个老客户成本的 8 倍,无论对于哪种类型的公司,高留存率都是实现高利润的决定性因素。有研究表明,用户留存率每提高 5%,利润就会提高 25% ～ 95%。

肖恩·埃利斯(Sean Ellis)在《增长黑客》(Hacking Growth)中不仅强调了客户留存的意义,还把客户的留存分为三个阶段:"初期、中期和长期。"留存初期非常关键,因为这个阶段将决定用户是继续使用、购买产品或服务,还是使用一两次之后就'沉睡'。因此,初期留存率可以作为衡量产品黏性的一个指标。度过了留存初期,就是留存中期,这个时期的核心任务是让客户使用产品成为一种习惯。而如果想实现客户的长期留存，就要产品对客户存在不可或缺性。"

客户留存的价值或目的之一是希望产生新的购买，即"复购"。通常，只有较高的复购，才能持续提高客户的 LTV，最终才能算得过经济账，即 LTV 与客户获取成本（Customer Acquisition Cost，CAC）相比较为健康。CAC 是指获取一个客户平均要花多少钱。

用户重复购买的原因无他，就是超出预期的体验。

如果用户的体验很差，自然不会产生再购买的意愿。企业应倾力提供 10 倍好的产品、10 倍好的服务、1/10 的低价格，总之，给客户带去惊喜，超出客户预期，是引发复购和推荐的前提条件。

KEEP GROWING SIMPLE
**高质量增长实践**

### 深耕"单客经济"，孩子王凭借个性化服务引领母婴市场

孩子王（301078）是一家基于顾客关系经营的创新型亲子家庭全渠道服务提供商，产品主要来自第三方

品牌，深耕"单客经济"是孩子王最宽的"护城河"。自2009年成立至今，凭借深耕会员模式、独特的育儿顾问式服务，孩子王得以成为母婴行业龙头企业。

截至2023年第三季度，孩子王已经有超过6 100万会员，最近一年的活跃用户突破1 000万人，会员消费贡献的收入占孩子王全部母婴商品销售收入的96%以上。年报披露，孩子王已建立400+个基础用户标签和1 000+个智能模型，形成"千人千面"的服务能力。孩子王的店员不是普通的"售货员"，而是专业的"育儿顾问"。他们拥有营养师、母婴护理师、儿童成长培训师等多重角色，是孩子王与顾客建立信任关系的基础，纽带作用明显。对于缺乏育儿经验的新妈妈，育儿顾问可以为客户提供产后恢复知识、育儿知识、育儿经验的咨询和指导，销售行为在给客户提供专业的咨询和建议的过程中就自然而然地完成了。

孩子王店铺在提供母婴商品的基础上，设有早教、舞蹈、钢琴、新妈妈培训等课程和活动，每天单个孩子王店铺至少举办三场活动，通过活动大大提高了客户的黏性。母婴产品同质化严重，孩子王能够保持高复购率的原因不在产品而在服务差异化，妈妈们在享受专业的、人性化的服务过程中，养成了对孩子王的情感，成了忠实客户，对企业高度认可，自然会有高复购率。

将近 7 000 名门店零售店员培养为"育儿顾问",孩子王将门店中通常的"交易型销售"升级为"专业顾问式销售",这值得中国企业在更多场景中借鉴:全力提升专业客服能力,线下经营更需提供差异化场景体验以应对线上残酷的价格战。

例如,家电大卖场店员应该是"家电专家顾问",眼镜店店员应该是"科学用眼顾问",咖啡馆店员应该是"咖啡专家",服装店店员是"时尚着装顾问",而专家顾问通过门店、在线形式与用户进行 24 小时个性化、富有人情味的互动,提供令人信服的真正专业的建议,这才是真正意义上的"新零售"。而在此过程中,行业大模型的人工智能助理将帮助数以千万计的店员加速成为"专家顾问式销售"。

总之,你需要想尽一切方法提升客户的复购率,如果复购率较低,这大概率是鸡肋生意,大概率会越做越难。

与此同时,随着获取新客户的成本越来越高,很多企业不仅时刻关注老客户的复购率,而且纷纷导入 NPS 体系作为客户满意度的最佳衡量指标。

华为消费终端产品的掌舵人余承东在一次公开演讲中提

到:"我们成功靠的就是三个字——NPS,就是'用户净推荐值'。这是我们成功的秘诀。"

华为内部已经把 NPS 作为考核指标。"我们在对内部团队的考核中,除了质量、故障率,最关心的值就是 NPS,也就是消费者满意度。消费者购买使用后喜欢,还向朋友推荐,证明他是发自内心地喜欢。"

NPS 是 2003 年贝恩咨询公司的弗雷德·赖克哈尔德(Fred Reichheld)在《哈佛商业评论》上发表的《你需要提升的一个指标》(*The One Number You Need to Grow*)一文中首次提出的[①]。

NPS 当前已经成为衡量客户成功的关键指标,近 2/3 的《财富》1 000 强企业导入了 NPS 管理体系作为衡量顾客忠诚度、优化顾客体验的管理体系。诸多知名企业的实践表明,NPS 和经营成果有着十分紧密的关系。

贝恩咨询公司观察了企业客户的 NPS 表现,发现在零售

---

① NPS 是通过提出一个简单的问题来衡量客户忠诚度:"在 0 到 10 的范围内,您有多大可能向朋友或同事推荐我们的产品/服务?"根据回答,客户被分类为:推荐者(9~10 分):忠实的热心者,会继续购买并推荐给其他人;中立者(7~8 分):满意但无所谓的客户,可能会轻易转向竞争对手;贬损者(0~6 分):不满意的客户,可能通过负面的口碑损害品牌。然后计算 NPS,NPS = 推荐者的百分比 – 贬损者的百分比。

业，推荐者的花费是贬损者的 3.5 倍。

在 B2B 大客户领域，开拓新客户的周期长、成本高、难度大，更需要老客户协助推荐新客户。

在销售系统中，如欲建立有效的大客户推荐机制，首先应对客户进行分类分级，识别哪些客户愿意或能够帮助推荐新客户；其次，应设计便利的形式让推荐者发挥价值，而且在发挥价值的过程中务必提升推荐者的地位与尊崇感。

例如，在 2B/2G 领域，将实施效果良好、愿意推荐新客户的企业客户打造为"联合体验中心""联合创新中心"等标杆性参观点，或者邀请在主题论坛、学术会议上进行"最佳实践分享"等，或者帮助大客户申请国家／地方政府各类示范工程和奖项，或者帮助大客户将标杆项目在其领域或客户中进行积极推广。这些简单却有效的方法可将 NPS 简单高效地落地，并将达成良好的效果。

**推动大客户为你提升 NPS 的主要动力不是帮助你，而是帮助他自己**。将提升大客户 NPS 作为他自己的重点工作之一，才能最终实现双赢。所以，推动 NPS 的落地是"帮助用户成功战略的组成部分"，而不是为了完成自己的销售任务，因此，

"主观为他人、客观为自己",这才能形成有效的 NPS,这也是为什么知道 NPS 概念的企业家不少,在尝试的企业也不少,但普遍没有产生预期效果的关键点。

**跨部门全流程双向深度互动、共享指标是销售系统成功的关键**

销售团队开拓客户时,差异化明显、竞争优势强的爆款产品可以促进销售团队迅速成单。客户签约后,只有持续创造客户价值,提供高质量的交付和服务,才会有客户的复购、增购和老客户推荐新客户。要想赢得客户的口碑,后续的高效服务很关键,在中国尤其如此。

同时,销售部门或服务部门将发现的产品问题、客户新需求及时反馈给产品开发部门,不仅可以优化改善现有产品,也可以促进新产品的研发,促进客户产生新的购买。

KEEP GROWING SIMPLE
**高质量增长实践**

### 克朗斯:打破壁垒,让设计师与安装工人直接沟通

世界灌装瓶系统市场领导者克朗斯的创始人赫尔

曼·宫喜德（Hermann Kronseder）曾表示："当安装工人想要对设计师说'你造的东西一团糟'的时候常常感到不太自在。几年前起我们规定在我们公司，每次安装工人在为用户安装好设备返回公司时，必须当着我们的面对设计师说清楚在安装设备时出现了哪些问题，更重要的是要指出设备设计中有哪些必须解决的问题以及设备应该如何改进。

安装工人一般总是有一个清楚的想法，只是很难将想法付诸实施，也就是说，他很可能自己画不出图纸，但他准确地知道问题的关键在哪里。在许多工厂里，安装工人很少有机会向设计师报告他们的经验，他们根本没有机会去设计师那里。在我们这里，这种谈话我们基本在场。否则，安装工人很可能会迫于压力而轻易放弃。设计师通常会比安装工人更强势，也更能言善辩。安装工人可能到最后没有说出自己想要说的话就离开了，并且会想：'你们爱谁谁吧。'但在克朗斯，绝不允许这种情况发生！

安装工人也不喜欢写很长的安装报告。为什么？因为他们常常会写错别字。当他们把报告交给装配主任，报告首先得由秘书阅读并改正书写错误，就像在学校里被老师改正一样，常常还是用红笔。这种带有羞辱性质的行为会使安装工人感到愤怒和尴尬，结果就是他们不愿意再写任何报告了。"

魔鬼存在于细节中。宫喜德的经验是，直接面对客户的员工和研发人员的沟通过程中充满陷阱。克朗斯的决策无疑是正确的，即决策者亲自介入了沟通过程，这大概就是成功的创新者和不成功的创新者之间的差距了。[①]

客户的复购和 NPS 不能只是销售部门的责任，服务部门也必须是收入中心 / 利润中心，而不能只做成本中心 / 费用中心；不能只做支持部门，必须是业务部门。客服团队的服务效果，不是看主观评价的客户满意度，要看客户的复购率、增购率、新增购买金额，还要看客户的 NPS 推荐。业绩是衡量一个团队对公司价值的主要指标。

华为为了打破各个部门之间"无形的墙"，避免各个部门"自扫门前雪"，推进了基于项目制的考核。为确保战略目标和重点工作能够在下级部门得到层层落实，就需要考虑横向部门的责任分配，根据流程关系确定责任分工和矩阵。

华为的客户经理、产品经理、交付经理是"三角形"合作模式，为了避免相互之间产生矛盾和发生推诿的情况，华为就

---

[①] 参见赫尔曼·西蒙，隐形冠军：未来全球化的先锋（原书第 2 版），北京：机械工业出版社，2019，245–246。个别文字有修改。

将这三个角色的指标进行互锁：客户满意度这个指标本来应该由交付经理来负责，现在则是客户经理和产品经理都要背。

需要注意的是，这种"指标互锁"并不是由公司制定的，而是由团队之间互相提的，这种指标既可以是具体的需求指标，也可以是以什么时间节点和手段给到支持，还可以是具体某个任务达到什么标准等。

在"指标互锁"的过程中，华为强调只针对（核心）痛点来提，同时控制好指标权重，通常协作指标不超过总权重的30%（如果协作度较差，则可根据实际情况适当提高比重），另外公司也会对指标进行核对校准，防止偏离公司业务发展目标。

因为产品质量不如竞争对手而丢掉了订单，是销售最沮丧的时刻，因为产品质量被客户"狂骂"更是最尴尬的时刻。但要想避免这种场景的再现，销售团队就不能只是抱怨，而是要深入参与产品的研发，不是仅仅反馈问题，而是借助在一线与客户的紧密关系，深入客户的使用场景、维护场景、处置场景，分析客户的各类需求，反复论证核心客户的核心需求，进而加入产品的研发过程，配合研发部门推出满足核心客户核心需求的"10倍好的产品"。

在公司研发流程中，必须有销售部门这样与客户交往紧密的关键部门的非研发人员参与研发过程与决策，这也是集成产品开发（IPD）研发管理的重要组成部分，以避免研发人员闭门造车、纯粹"自嗨"。

因此，跨部门的深度合作与协同、共享北极星指标，实现考核指标"互锁"，才能真正将客户复购、NPS 最终落到实处，而非只是管理层的美好愿望。销售结果既是前三核（核心客户的核心需求、核心产品）成果的最终检验，也是提升或再造前三核的又一个新的起点，这是一个循环往复、持续精进的过程。

# KEEP GROWING SIMPLE

## 04

## "极简增长"的四大关键要求

世界上最没有效率的事情,就是以最高的效率去做一件根本不值得做的事情。

——彼得·德鲁克

企业家、经理人的 100 个想法
通常也就 50 个想法能够"自圆其说"
往往也就 20 个经得起"字斟句酌地推敲",
能够形成书面方案,
最终往往也就 10 件事情
能够"做"成。

KEEP GROWING SIMPLE

能回答出前文的四大灵魂追问是一个良好的开端，但企业家、创业者还需用四个基本要求对核心客户、核心需求、核心产品、核心销售系统的抉择进行全面的检验和评价。

## 清晰性，形成团队共识的前提条件

企业战略的四大灵魂追问能否被清晰地表达出来？你是否能够自圆其说、言之有理？是否能够将它们形成文字，使之成为经得住推敲的书面方案？

如果你能够清晰、简明地回答这四大灵魂追问，就为团队理解和认知你的战略规划奠定了基础，为团队达成充分的共识创造了条件。

战略从思考、规划到逐步落实的过程，本质上是"想、说、写、做"的演进过程，也是不断迭代完善的过程。在"想、说、写、做"的检验之下，"清晰地表达"公司战略并不是一件易如反掌的事。

企业家和公司高管传统的学习方式是"听、看"，即"听课、看书"，这非常有必要，但这只是开始。很多企业家和创业者听课、看书后，往往自认为理解了、懂了，但其实并没有真正弄明白，甚至理解错了。因此，单纯地听课、看书效果有限，企业家和创业者必须积极地"想"（思考），哪怕是否定作者或授课老师的观点，因为只有积极地"想"，才能更深入地理解事物的本质。

但光想还远远不够。我们在工作非常投入时，常常是"日思夜想"，躺在床上越想越兴奋，突然来了所谓的灵感，越"想"越觉得自己的想法真是高明或者巧妙无比。但是当你第二天一早兴冲冲地与高管团队沟通时，说着说着就会发现那个想法压根不成立，这就是所谓的难以"自圆其说"。台上一分钟，台下十年功，"自圆其说"并不容易。

因此，在"极简增长"训练营的课堂上，学员之间的研讨交流、路演互动的比例达到了 50% 以上，目的是倒逼企业家和创业者学员们说出自己的想法，倒逼他们做到"自圆其说"，这是对思考深度和有效性的检验。

当你能够自圆其说时，你的说法得到了团队的初步认可，听着感觉有道理、可行，于是，你晚上回到家挑灯夜战，准备形成一个书面方案以便尽快下发实施，你却发现写着写着写不下去了，因为你的说法经不起推敲，经不起字斟句酌，这就是"写"的难度。

所以，我们要求每位学员将战略选择或商业模式写出来、画出来。最终，当你的想法可以经得起字斟句酌地推敲并形成书面方案时，才开始考验企业执行力，也就是所谓"做"的能力了。

企业家、经理人的 100 个想法，即使经过了深思熟虑，通常也就 50 个想法能够"自圆其说"，往往也就 20 个经得起"字斟句酌地推敲"，能够形成书面方案，最终往往也就 10 件事能够"做"成。

因此，"听、看"只是浅层次、起步式的学习方式，"想、说、写、做"才是企业家、公司高管有效学习和实践的必然路径，这也是将极简增长路径清晰表达出来的基本要求。

## 一致性,"错配"是企业增长最大的敌人

"错配"是企业增长最大的敌人。管理无对错之分,但是必须有一致性。因为如果不一致,发生了错配,管理不仅不能形成合力,反而会导致内耗,还没对外打仗,就已经自乱阵脚了。

孔子曰"吾道一以贯之",指用一种道理贯穿各类事物,后人泛指用一种理论、思想贯穿事物发展的始终。现代企业经营应秉持"一以贯之"的经营理念,一旦企业选定了核心客户与核心需求,就应将此核心决策贯穿始终,贯穿企业经营的方方面面,坚守"一致性",最大程度地减少"错配"。

一致性,首先体现在核心客户、核心需求、核心产品、核心销售系统之间应协调一致、力出一孔,避免相互之间的冲突与"错配"。

**KEEP GROWING SIMPLE**
**高质量增长实践**

### 专注核心需求,汽车之家的成功之路

"汽车之家"成立时,李想就确定了公司的核心客户

与核心需求——有买车需求的客户。因此，在做汽车之家时，他要求团队不碰赛事、车展，不拍车模，这让企业经营目标非常明确，从而节省了大量不必要的人力和其他成本。

因为报道赛事、拍车模，吸引来的是汽车赛事的粉丝（但不一定是有买车需求的客户），或者是喜欢看美女的客户（这个流量就更宽泛了），他们都不是有买车需求的精准目标客户。

正是因为汽车之家的专注，它在当时竞争激烈的汽车媒体市场里成长为最专业的头部媒体，于 2005 年 6 月上线，2008 年便成为访问量第一的汽车垂直类网站，2013 年 12 月在美国纽约证券交易所上市。2015 年 6 月，李想离开时，汽车之家市值已达到 300 多亿人民币（约 50 亿美元）。2020 年巅峰时的营收达 86.59 亿，利润达 34.05 亿，市值曾超过千亿人民币。

但现实中，企业的"不一致"或"错配"现象五花八门、极为普遍，例如：

企业没有清晰地定义核心客户，来的都是客户，覆盖众多或无数目标客户群。

企业选择了核心客户，但只满足了核心客户的非核心需求，没有有效挖掘核心客户的核心需求。

企业推出了核心产品，且满足了核心客户的核心需求，但是销售系统却只将该核心产品当作销售的无数产品之一，销售力量非常分散或"错配"。

企业推出了核心产品，且满足了核心客户的核心需求，但是销售系统却无法支撑核心产品的规模化发展。

以上仅仅罗列了几种常见的"错配"现象。企业经营"错配"比比皆是，每时每刻都在发生，"错配"是企业增长最大的敌人。

当年恒大冰泉的产品定位为高端矿泉水，350毫升的矿泉水终端零售价为5元，核心客户应为都市白领、金领群体。但在这一产品定位下，公司并未把注意力聚焦于商务场景或消费升级场景，却面向全国20万个终端大肆铺货。

营销层面则希望讨好所有人，请成龙等一众明星代言，强调"天天饮用，健康长寿""喝恒大冰泉，美丽其实很简单""饮水、泡茶、做饭，带给您美丽、强壮、健康"。仿佛恒大冰泉包治百病、老少皆宜。由此可见，恒大冰泉在核心客户、核心需求、核心销售场景与终端等关键问题上一直都在乱打、散打，最终只能以巨亏 60 亿惨淡收场。

类似这样的"不一致""错配"现象比比皆是。就连恒大冰泉这样资金雄厚的企业都只能黯然离场，那么资金匮乏的中小企业或初创企业，更是错不起。

某些企业曾经因为极度聚焦、高度一致性而获得了初期的成功，但在发展中迷失了自我，企业从聚焦走向分散、错配，从此一蹶不振或者破产。

KEEP GROWING SIMPLE
**高质量增长实践**

### 偏离初心，Allbirds 衰败的根本

Allbirds 品牌曾经风靡一时，它推出的脚感舒适、设计简约、用料环保的羊毛运动鞋赢得了奥巴马、库克、莱昂纳多等名流的青睐。3 年成为独角兽，5 年实现 IPO，上市之初，公司市值一度达到 40 亿美元。

作为核心产品，Allbirds 羊毛运动鞋无疑满足了核心客户——硅谷互联网和金融行业人群的核心需求：采用新

西兰美利奴羊毛的鞋子能够给客户带来舒适的脚感，能够缓解他们巨大的工作压力；简约的设计不张扬且有质感，与牛仔裤、休闲裤相得益彰，因此人们不必在搭配问题上浪费精力。此外，公司对环保的重视，也符合这个群体的主流价值观。

爆红后，Allbirds 迅速推动了品类扩张，2020 年推出 Dasher 专业运动跑鞋系列，2021 年推出服饰和配饰产品系列，从颜色更鲜艳、更前卫的鞋，到羽绒服、内衣、羊毛打底裤等。但同时，该品牌的核心产品几乎没有任何升级换代。新产品没有坚持过去的核心客户定位，转而希望吸引年轻人和女性群体，同时，产品价值也偏离了之前的核心需求：舒适、简约、环保。

近年来，Allbirds 连续亏损，2023 年前三季度的亏损额继续扩大至 3 160 万美元，截至 2024 年至 9 月 30 日收盘，市值已跌至 0.93 亿美元。公司创始人乔伊·茨维林格（Joey Zwillinger）公开承认 Allbirds 此前"过于专注核心竞争力以外的产品"。

Allbirds 的核心销售系统也存在显著问题，无法支撑核心产品销量的持续增长。Allbirds 依靠直接面向消费者（DTC）的销售方式起家，在起步阶段，这种方式能够帮助企业紧贴客户需求并迅速起盘。但 Allbirds 的直销和渠道系统布局节奏相当缓慢，2022 年在美国开了 19 家直营店，2023年只新增了3家。目前在中国也只有6家直营门店。同时，2022年底才开放美国市场的批发渠道，开始与授权经销商合作开店。因为Allbirds的销售系统建设薄弱，打折促销便成为常态，为了挽救业绩，公司又仓促地扩充产品线。这一系列错误决策持续伤害了企业的品牌价值，模糊了用户对企业和产品的认知，形成了难以逆转的下行螺旋。

诸多企业失败的原因都源自核心客户、核心需求、核心产品、核心销售系统之间各种各样的"错配"，因此，企业失去内在的"一致性"是企业衰败的常见原因。

**一致性的另一个体现是：在企业内部，高管、中层、基层对四大核心抉择的认知是否一致？实际行为是否与四大核心抉择保持一致？**

在相当多的企业中，团队50%的工作可能和战略无关或只是弱关联。每位企业家或创业者应该时时思考：面对核心客户、核心需求、核心产品、核心销售系统这四大灵魂追问，全员（或者至少是骨干经理）的回答能保持一致，还是各有各的想法或思路？全员目前所做的工作是否能与这四大核心抉择保持高度一致？

我建议各位企业家、创业者现在可以立即做一个测试，拿出手机，给你的高管团队发一条微信，让他们每个人将公司的前述四大核心事项单独发给你，那么，你可以看看，高管团队成员之间的答案是高度一致，还是五花八门。

从实践的角度看，这个测试会令相当多的企业家、创业者惊出一身冷汗。高管之间对公司战略规划的认知和理解千差万别，如此一来，"力出一孔"就只能成为空洞的口号了。

如果高管之间的回答高度一致，那么恭喜你，你做成了一件看似简单却极为重要的事情，即促使高管之间达成了战略共识。这时，你可以把这个测试进一步延展到骨干中层、骨干员工甚至是全员，测一测企业的"共识指数"。

**但共识指数只是企业迈出万里长征的第一步，因为一致性不仅是高管、全员认知层面的共识，更需要体现在行为层面的坚决贯彻执行。**

战略方向的聚焦，大概率会打破企业既有利益的分配原则和方式，有些人会脱颖而出，而有些人则要坐上冷板凳，甚至由此可能离开公司，这时才是"一致性"经受考验之时。

KEEP GROWING
SIMPLE
高质量增长实践

## 保持队形一致，杰克·韦尔奇的六西格玛管理策略

杰克·韦尔奇（Jack Welch）把通用电气从低迷拉回到行业前列的重要原因之一就是做到了使战略和组织行为保持一致。通用电气的战略定位是高品质产品战略，但是当时公司的运营体系提出要加大维修团队建设，推行更好、更快的维修保障，并予以积极激励和褒奖。

试问，如果核心产品的品质足够好，又何须扩大维修保障团队呢？韦尔奇看到这个现象后，就开始全面推行六西格玛管理策略，即每百万次操作失误率不能高于3.4次，同时减少维修团队，以此理顺公司战略与执行之间的一致性。

实现一致性其实非常困难，如果做不到，就会导致内耗，把公司有限的战略资源消耗到非战略事务上，甚至形成内外部广泛的冲突或矛盾。因此，制定清晰而坚定的战略，形成高度的思想和行动一致性，最终才能"力出一孔，利出一孔"。

2013年，任正非在公司的新年献词中强调：如果我们能

坚持"力出一孔，利出一孔"，"下一个倒下的就不会是华为"，如果我们发散了"力出一孔，利出一孔"的原则，"下一个倒下的也许可能就是华为"。

## 正确性，UE 模型健康，规避重大风险

首先，"正确性"是指企业所处的赛道不存在违背国家法律法规、产业政策的重大风险。

任何商业行为，如果不处于国家鼓励和倡导的大方向下，不论盈利多么可观，都只会是短期套利工具。从长期主义视角看，企业经营还应符合"社会认知与公序良俗"，如果企业所经营的业务引起的民愤、民怨很大，企业也应及早"上岸"或做好充分的风险防范准备。**正确性意味着企业应优先选择处于更为确定性的上升通道中的行业，并按赛道所处状态进行经营策略的匹配。**

在"K 型分化"的框架中，当下，消费互联网、K12 教育、互联网金融、文化娱乐、信托理财、房地产等正处在下行曲线之中，新材料、新能源、"专精特新"、半导体/芯片、信创产业、产业互联网、AIGC、医疗健康则正处于上行曲线之中（见图 4-1）。

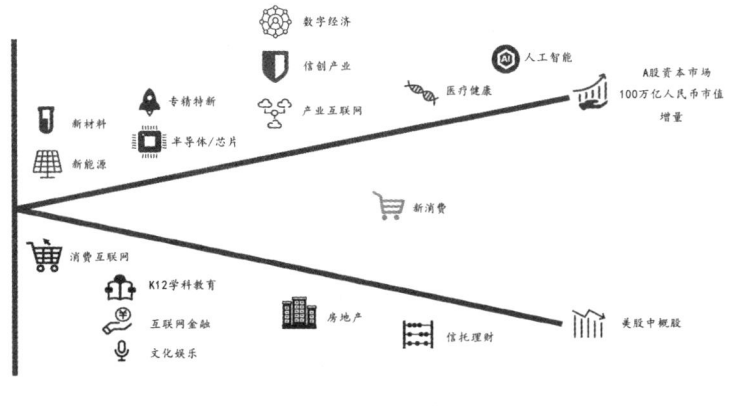

图 4-1 K 型分化

当然，K 型分化本身也是动态变化的，需要定期进行动态评估或调整。

在 K 型向上领域，各行业多处于增量市场，往往机会大于风险，能获得风险投资和资本市场的更多关注，有望获得股权性融资或上市、被并购等，资本化空间大，银行等机构提供贷款的意愿较强。因此，企业在增量市场应重点关注如何快速把握机会，吸引优秀人才，力争走向资本市场，创新的重要性大于成熟管理的重要性。

在 K 型向下领域，各行业多处于存量市场，甚至是萎缩市场，通常风险大于机会，或者增长空间受限。例如，房地产行业年销售额从 18 万亿元逐步下降至 10 万亿元，房地产行业企业"暴雷"无数。在这类存量或下行市场中，企业较难获得外部股权性融资。风险投资和资本市场往往对这类市场持谨慎态度，资本化的可能性很小，银行融资也较为慎重，企业随时面临着贷款被收回的可能性。因此，企业应以稳健、控制风险为主，以自力更生为主，以获得低风险下的健康现金流为目标。

当企业处于 K 型向下赛道时，除了考虑转行、转向，也可以选择继续坚持在原领域深耕，寻找存量市场中的机会，但切记前述存量市场的经营逻辑，务必在存量市场中力争形成核心能力，打造具备自我造血能力的"现金牛"。

其次，"正确性"是指企业的选择符合经济规律，企业算得过账、赚得回来。

SaaS（Software as a Service）模式在美国是"香饽饽"，但在中国，如果面向小企业客户推行 SaaS 模式，那么企业前景堪忧。因为，中小企业获客成本高，同时客户自身的生命力不强，续费率低，企业需要不停地在销售费用上"失血"，而且研发投入前置、收入确认却后置，推行 SaaS 模式的企业的现金流面临着巨大压力。

当前人工智能领域的创业热度很高，很多创业者在做战略自评时，往往想当然地认为只要是在人工智能赛道创业，就具备了正确性。但是，如何算得过账、赚得回来是对这个领域创业者的首要挑战。算得过账、赚得回来，企业的战略选择才具有正确性。各行各业都是如此。

中国生鲜市场规模约5万亿元，规模巨大，创业者和风险投资都希望在生鲜领域改变传统的游戏规则，但是这个行业天然就是一个高难度行业，因为价格透明、毛利率低、损耗大、运营复杂。

2014年，每日优鲜"前置仓"模式横空出世，成为当时生鲜电商的模板，4年间完成7轮融资，手握100亿股权融资，有腾讯、高盛等著名投资机构背书。

然而，2023年底，曾经的生鲜电商第一股"每日优鲜"被纳斯达克通知启动退市。据财报显示，2019—2022年，每日优鲜分别亏损29.09亿元、16.49亿元、38.50亿元、15.23亿元。

4年亏损近百亿，原因就是每日优鲜的前置仓战略账算不过来、钱赚不回来。从每日优鲜的单体经济模型来看，"单量、客单价、毛利率、履约成本、运营费用"等相互影响，剪不断理还乱，最终导致盈利困难。但每日优鲜在单仓或单城单体经济模型没有完全跑通之前，就盲目扩张，在全国迅速进入约 20 个城市，设置约 1 500 个前置仓，最终因亏损严重、现金流枯竭而被迫关闭。

有客户、有需求是好事，但创业者在满足客户需求之后自身是否能盈利，是否能活下来，这也是创业者必须面对的基本问题。每一家企业都必须首先打磨一个健康的 UE 模型。

## 与时俱进，在"10 倍速变化"时代敢于自我否定

战略不是一成不变的，而是根据外部环境、内部能力的变化持续迭代、与时俱进的。在百年未有之大变局下，企业家和创业者必须追问自己的前述战略抉择是否与时俱进，新形势下是否应做出改变，战略抉择是否符合未来发展趋势，企业的发展愿景是什么，企业怎样分步分阶段实现发展愿景，实施过程中如何进行动态地评估与调整。

IBM 公司（后文简称 IBM）前首席执行官路易斯·郭士纳（Louis Gerstner）当年在回忆如何把 IBM 从破产边缘拉回来时说到，在他所做的几件正确的事情中，有一件事非常关键，那就是大胆地结束昨天的战争。

什么是"昨天的战争"？就是你没有意识到趋势已经发生转变，却还把宝贵的资源浪费在一个逐渐消失的行业上，致力于在一个过时的行业中取得优势，这就像在"泰坦尼克号"上争头等舱一样，是一件很可悲的事情，但也是一个易犯的常见错误。

## "10 倍速变化"时代

英特尔公司前首席执行官安迪·格鲁夫曾用"10 倍速变化"的超竞争因素提醒所有的经营管理者应关注在业务发展中可能出现的 10 倍变化因素，这些因素引发的重大变化，可能会超过企业的承受能力，从而导致企业的决策与行动不再起作用，让企业失去控制自身命运的能力。

这些潜在的重要变化因素包括公司现有或潜在的竞争对手、供应商、客户的实力、活力和能力，你的产品或服务项目采用其他方式投产或发送的可能性，为客户提供互补型产品的其他企业等。

任职期间，格鲁夫经历了个人计算机行业的崛起和互联网时代的到来，并都在关键战略转折点做出了正确的判断，带领英特尔成为这两个产业周期的时代霸主。

KEEP GROWING
SIMPLE
**高质量增长实践**

## 英伟达：随需而变，成为超级赢家

今天，人工智能时代的到来，使英伟达成为这一次10倍速变化的超级赢家。

那么，英伟达如何敏锐地发现重大的变化？如何应对重要的变化？答案就是主动求变、随需而变，与时俱进地迭代调整。

1993年，英伟达创立，历经30余年发展，市值已约3万亿美元，它的发展恰恰是不断地与时俱进，敢于自我否定并做出改变，持续深耕核心客户、核心需求的过程。1995年，英伟达信心满满地发布的第一款显卡产品NV1，市场表现惨淡，这甚至使英伟达处于破产边缘。此时英伟达得到了世嘉公司[①]一笔高达700万美元的下一代产品NV2的研发订金。

然而，总裁兼首席执行官黄仁勋很快发现行业已经快速变化，微软开发出了Windows95上的Direct3D图形接口，使得英伟达和世嘉联合开发的技术偏离市场主流趋势。黄仁勋陷入了痛苦的境地，维持与世嘉的技术路线意

---

① 一家日本电子游戏公司。——编者注

味着产品研发出来时就是落后之时，但如果此时转向微软技术路线，世嘉一旦要求退回订金，英伟达立刻就要倒闭。立刻倒闭，还是产品开发出来之后再倒闭，这真是一个痛苦的抉择。

黄仁勋思量再三，决定联系世嘉首席执行官解释英伟达将转向微软技术路线，但他仍请求世嘉按照合同保留付款。"让我惊讶的是，世嘉答应了，也因为他们的慷慨，让我们能再活 6 个月。"黄仁勋表示，正是英伟达正视了错误并及时止损，谦卑地寻求帮助，才挺过了那一次倒闭危机。

1997 年，英伟达推出第三代产品 Riva128，这款产品不但符合新的行业标准，速度更是竞品的 4 倍。Riva128 不负所望地获得了市场认可，上市 4 个月便卖出 100 万片。事后复盘，在这个生死关头，黄仁勋做出了后来被证明是关键举措的正确决策：义无反顾地转向支持微软刚出炉的 DirectX 标准。这次经历也让黄仁勋深刻认识到了生态的价值和力量。

如果你不能为你的客户自建一个生态，那你就必须融入另外一个生态，因为你的客户都在那个生态中汲取产业的营养，你如果不融入，你就会被生态排挤，就会被客户抛弃。黄仁勋义无反顾地放弃了过去的路线，面向未来发展趋势，做出了方向性的重大调整，融入了微软生态，开启了在微软 DirectX 生态下的显卡争霸之路。

当英伟达成为"显卡之王"后,黄仁勋从微软身上看到了英伟达的生态未来,他深刻意识到唯有掌握开发者生态,吸引顶尖开发者进入自己的平台,才能赢得客户,才能赢得未来。黄仁勋不想只做一个显卡公司,他要进入通用计算领域。

2007 年 2 月,英伟达推出了新一代编译和内存管理开发工具——CUDA,当 CUDA 刚刚发布时,投资者都认为作为一个显卡公司,CUDA 没有必要存在。黄仁勋则称其为"划时代的,是 GPU 真正走向通用计算的利器"。2011 年,为了更好地满足游戏和专业用户对于性能的不同需求,英伟达将游戏芯片和计算芯片分开发展。

在游戏侧,英伟达新开发的 GTX680 通过做减法、除法,砍掉了与游戏无关的结构,专注图形性能,从而大幅提升了能效比。在计算侧,尽管 CUDA 的开发投入巨大,但由于通用计算领域并没有取得太大进展,CUDA 还没有大显身手的机会。直到 2012 年 9 月 30 日,在斯坦福大学李飞飞教授主持的第三届 ImageNet 比赛中,CUDA 才一举成名。该比赛旨在识别图片中的物体,获胜者名叫亚历克斯·克里切夫斯基(Alex Krizhevsky),他采用了"卷积神经网络"的新方法。但这个方法的计算量巨大,即使是百万美元级别的计算机也难以承担如此庞大的计算量，亚历克斯却通过使用一块价值上千美元的英伟达 GPU，并通过 CUDA 编程工具成功地实现了卷积神经网络的高速训练和计算。

随后，微软、谷歌、亚马逊等公司都疯狂购买英伟达的 GPU。2015 年，英伟达产品大量进入主流互联网公司，用于推荐算法、搜索、图像识别，还有大量的深度学习应用研究。

2016 年 9 月，英伟达发布了可用于高级自动驾驶的芯片 Xavier，并与特斯拉开展合作。同年，推出全球首款一体化深度学习超级计算机 DGX-1，并独具慧眼地将第一块芯片捐给了 OpenAI，这也从侧面表明了英伟达在人工智能时代的先发地位和前瞻性引领作用。

在 30 多年的发展历程中，英伟达既有不惜冒着破产风险转向微软生态时的审时度势，亦有自建 CUDA 生态和人工智能时代的全力以赴。黄仁勋在外部环境发生巨大变化时，面向未来的发展趋势，敢于自我否定，坚定地与时俱进，进行及时和果敢的重大调整，这是英伟达取得成功的关键。

相反，企业如果无法与时俱进，将会错失重大机遇！

提到飞利浦，许多人脑海中会浮现它作为"白色家电"

的形象，而当前的飞利浦已经聚焦于医疗健康领域，市值仅306亿美元。但多数读者可能并不知道飞利浦曾持有阿斯麦50%的股权，后者当前最新市值超过3 308亿美元。飞利浦并没有等到阿斯麦飞黄腾达，早早地就廉价抛售了阿斯麦的所有股份，因此错失了千亿美元的商业价值。

20世纪70年代，飞利浦便开始大力发展半导体业务。公司曾有一个专门研究光刻机的部门，但由于技术难度大、研发成本高，且同时期尼康一直处于市场领先地位，飞利浦一直想甩掉这个亏损包袱。最终，飞利浦与ASM公司（阿斯麦的前身）共同成立合资公司，各持有一半的股权。

在合资后的十几年间，阿斯麦始终无法挑战尼康的霸主地位，市场份额始终在10%以下。1997年亚洲金融危机、2000年全球互联网泡沫，飞利浦各卖出了约20%的阿斯麦的股份，最终于2004年清仓，彻底退出了半导体业务！

2004年也是阿斯麦的转折之年，通过与台积电林本坚合作，将技术路线切换到"浸入式光刻"，突破光刻机光源波长被卡死在193纳米的限制，并于2004年推出第一台样机，先后拿下IBM和台积电的订单，一举超越尼康，成为光刻机的新王者。

阿斯麦的战略一直在与时俱进，飞利浦却长期停滞在积重难返的白色家电等传统业务中，因此阿斯麦的成功不再与飞利浦有任何关系，令人唏嘘。

面对百年未有之大变局，战略不是一劳永逸的静态决策，而是持续敏捷迭代的动态决策。管理学大师彼得·德鲁克曾说："世界上最没有效率的事情，就是以最高的效率去做一件根本不值得做的事情。"因此，只有那些"主动求变、随需而变、与时俱进"的企业，能够胜任客户需求变化的企业，才能持续生存或发展壮大。

# KEEP GROWING SIMPLE

## 05

## 如何选择细分市场?
## 聚焦于"针尖大的领域"

当你想到专注力的时候,你会想,"专注力就在于接受。"不!专注力在于说"不"。

——乔布斯

如果你想把精力集中在
最重要的事情上，
就必须学会
对不是最重要的事情坚决说"不"，
而这才是真正的考验。

KEEP GROWING SIMPLE

华为创始人任正非说过:"当发现一个战略机会点,可以千军万马压上,后发式追赶。要敢于用投资的方式而不仅仅是以人力的方式,把资源堆上去。我们只可能在针尖大的领域里领先美国公司,如果扩展到火柴头或小木棒这么大,就绝不可能实现这种超越。"

那么,各位企业家、创业者,你找到了你的企业所应聚焦的"针尖大的领域"了吗?

孙子兵法云:"胜兵先胜而后求战,败兵先战而后求胜。"胜利之师,会让自己处于不败之地,再出兵夺取胜利。失败之军,总是先莽撞攻击敌人,企求从苦战中赢得胜利。"选对池塘钓到鱼",选择决定命运。**找到企业所应聚焦的针尖大的领域,就是企业竞争中的"先胜之道"**。在管理理论上,我们将

"针尖大的领域"称为"细分市场",细分市场的定义、评估、选择就是企业竞争的先胜之道。

战略规划的第一个重大决策,就是要选择并聚焦于核心细分市场。"市场细分"由美国营销学家温德尔·史密斯(Wendell Smith)提出,指企业按照某种维度(如客户的消费需求、购买行为、购买习惯等)将市场上的客户划分成若干客户群,每个客户群构成一个子市场(细分市场),在不同子市场之间,客户的核心需求存在明显的差别。所谓细分市场,就是对前文所述核心客户、核心需求、核心产品、核心销售系统等各个重要因素不断排列组合之后得出的结果或图景。

当你面临核心客户、核心需求、核心产品、核心销售系统等多个关键节点需要抉择时,你往往会纠结于或困惑于如何做出决策。企业家或创业者可能会说"对这找不到感觉,不知道该怎么下手",因为在你的脑海中,关于决策的"作战地图"是模糊的,或者你对决策的整体性缺乏认知。因此,细分市场就是帮助你做出决策的"作战地图",是帮助你从上至下、从结构性和整体性视角增加对核心客户、核心需求、核心产品、核心销售系统的感性认知的有效方法。

当你自上而下鸟瞰市场全局时,你会发现存在多个"细分市场",你可通过多次反复地重新定义、切割并评估、对比各个细分市场的优劣势,最终做出核心客户、核心需求、核心产品、核心销售系统的组合性决策,且达到清晰表达、一致性、正确性、与时俱进的基本要求。我们可以将四大灵魂追问及四个基本要求,最终融入核心细分市场的决策,并将整个思考和决策过程可视化、图景化,为团队达成战略共识提供一个可视化工具。

细分市场这一概念仍比较抽象,在此我先分享两个小案例,以增强各位读者的感性认知。

第一个案例出自《庄子》中"庖丁解牛"的故事,庖丁解牛叙述了庖丁技艺娴熟或解决问题得心应手的过程。实际上,牛的各个部位确实能够清晰划分和切割,餐厅、超市往往悬挂着牛肉分割图,牛的各个部位的口味、肥瘦、价格以及所能做的招牌菜颇为不同,不同消费者喜欢的部位差别也很大。

牛的每个部位就可以被视为一个细分市场(见图5-1),每个细分市场所能创造的收入、利润、所面向的消费场景都是不同的,而且都是可以计量和分析的,这就是对细分市场的感性认知。

## 牛肉分割图
## 不同部位牛肉的区别

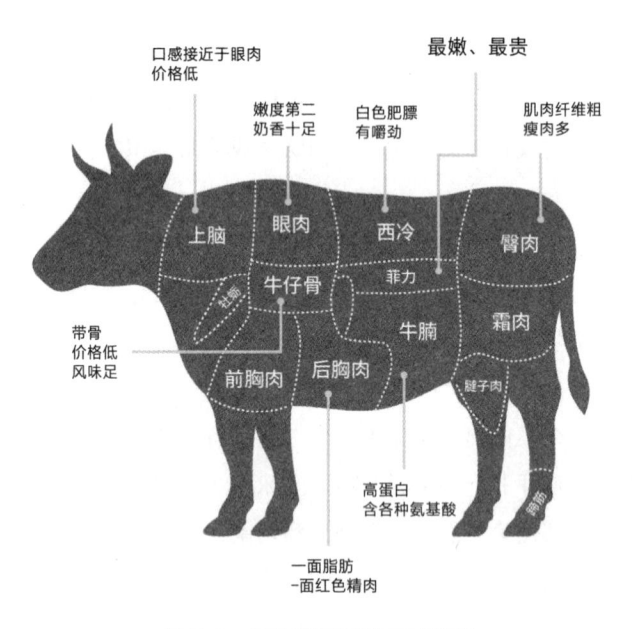

口感接近于眼肉
价格低

嫩度第二
奶香十足

白色肥膘
有嚼劲

最嫩、最贵

肌肉纤维粗
瘦肉多

上脑　眼肉　西冷　臀肉

牛仔骨　菲力

牛腩　霜肉

带骨
价格低
风味足

前胸肉　后胸肉　　腱子肉

高蛋白
含各种氨基酸

一面脂肪
一面红色精肉

图 5-1　以牛的部位解读细分市场

希望每一位企业家、创业者都能成为自己所在领域的"庖丁",磨出庖丁手上那把"快刀",知道怎样游刃有余地"解牛",即进行市场切割和划分,并能够选择其中的一个部位(细分市场),做出一道美味大餐(创造一家有竞争力的优秀企业)。

第二个案例是，我经常建议企业家、创业者在乘坐飞机时，尽量靠窗坐，在飞机起飞、降落时多多俯瞰地面，尤其是广袤的乡村农田（见图 5-2）。农地通常被划分为一块一块的农田，农户可以选择承包其中某块农田。被清晰划分的不同地块，土壤或肥沃或贫瘠，区块或规整或离散，位置或高或低、或向阳或背阴等，都不尽相同。每一块农田就是一个细分市场，每一块农田的种植品类（产品）、收入（销售额）、施肥（经营成本）、毛利、亩产（坪效/人效）等都不尽相同，每一块农田对每位农户（企业家、创业者）的吸引力也完全不同。

图 5-2 乡村农田

因此，企业家、创业者想要提升格局，就要站得高、看得远，要学会"俯视市场"，同时应该"仰视客户"且"平视合作伙伴"。这样才能清晰而有效地切割和定义细分市场。

## 如何正确划分细分市场？创造性地"砍一刀"

我先为各位读者提供一个基本的细分市场定义工具（见图 5-3 和图 5-4）。

首先对客户进行多维度描述与定义，然后再通过不同维度的组合与切割，把整体市场划分为多个细分市场。

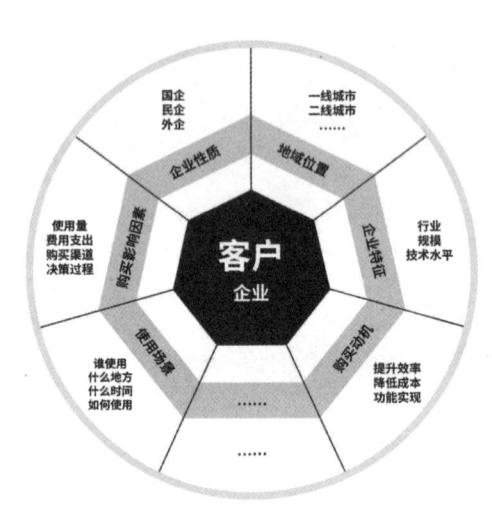

图 5-3　B2B 细分市场划分维度

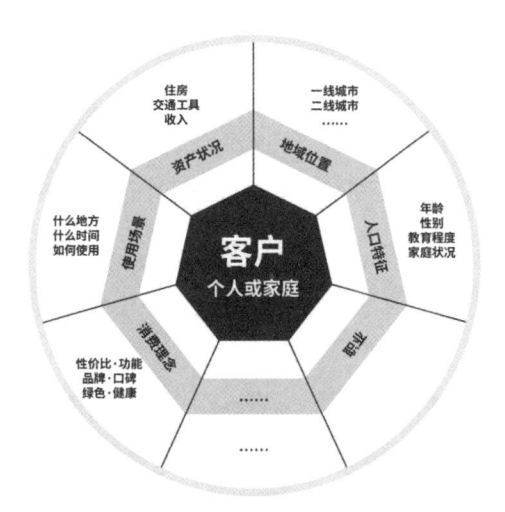

图 5-4　B2C 细分市场划分维度

KEEP GROWING SIMPLE
**高质量增长实践**

## 东鹏饮料如何定义自己的细分市场

以东鹏饮料为例,在企业刚刚起步的阶段,它所定义和选择的细分市场比今天的"覆盖全国 8 群 20 类"要小很多。它只聚焦"东莞地区的蓝领工人、货运司机",帮助这类人群解决提神、抗疲劳的需求。

东鹏饮料选取了"地域""职业"这两大维度中的"东莞""蓝领"两个选项,依托东莞地区蓝领工人、货运司机密集的特点,找到这个"小切口"(但也是撬动千亿市值的支点或起点),以"口味对标红牛、价格减半"的清晰策略打造主力产品,完成了东鹏的首战,继而在这个基础上实现了对红牛的反超,成就了中国销量第一的能量饮料(见图 5-5)。

图 5-5　东鹏特饮的核心细分市场划分维度

这种细分市场划分工具结构清晰、逻辑性强,难点在于这些划分维度该怎么选,又该怎么定义。所谓"维度"就是对客户特征的定义或描述,即给出定语、添加标签。给出定语、添加标签对于初学者并不容易,需要企业家、创业者、高管团队时常进行头脑风暴，不断地训练与尝试，逐步加深对客户的了解，深度思考细分市场特征要素的构成，这也是专业管理者必备的思考能力。

在细分市场划分的实践中，并不是所选维度越多越好。有些维度是关键维度，有些维度是次要维度甚至是低价值维度。选择过多的维度切割市场，看似思考很全面，但其实是对客户的理解深度不够，未把握事物的本质与内核。因此，**企业家或创业者在进行细分市场划分与定义时，务必紧抓关键维度，甚至创造性地"砍一刀"，即对市场进行创造性的切割或定义，好比企业家或创业者修炼到武侠小说里"小李飞刀例无虚发"的至高境界，"一刀入魂"。**

"由简入繁易，由繁入简难"，实践中划分维度原则上不宜超过三个，甄选直观、合理的关键维度至关重要。同时，把大市场分成若干细分市场只是手段，目的是通过切割或定义获得一个独特的、差异化的、有利于自己发挥优势的细分市场，并最终在该细分市场中成功实现企业经营绩效。

正如瑞幸与星巴克错位竞争、快速崛起的案例，星巴克致力于打造"第三空间"，面向商务人群提供高定价咖啡（30元以上），瑞幸独辟蹊径地将客户群瞄准年轻白领、学生，以自提或外卖的形式提供高性价比咖啡（9.9～20元），并成功实现了逆袭。瑞幸通过定义新客户、新需求，推出新产品等确定了全新的细分市场。据第三方营销平台统计，瑞幸和星巴克之间的活跃客户交叉度低于20%，两者处于两个不同的细分市场，都是非常优秀的咖啡连锁企业。

KEEP GROWING SIMPLE
**高质量增长实践**

## 美团的 AB 分类法

美团之所以在巨头林立的电商领域仍能杀出一条"血路"，是因为它选择了一个全新的细分市场并成为领跑者。美团把这种细分市场的划分方法称为"AB 分类法"：先一刀把一个大市场分成两半，再选择其中 1/2，切一刀，再切一刀。三刀，切出自己的目标市场（见图 5-6）。

供给/交付按"线上/线下"维度切第一刀：线上供给/交付——代表性企业是腾讯，线下供给/交付——代表性企业是淘宝和京东。

在线下供给/交付部分切第二刀：消费品实物电商——代表性企业是淘宝/京东，生活服务电商——代表性企业是携程网。

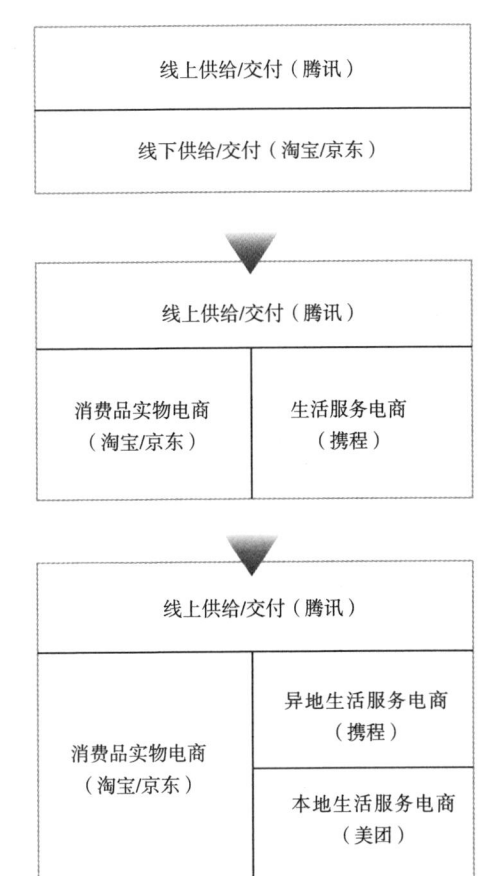

05 如何选择细分市场？聚焦于"针尖大的领域" 199

```
┌─────────────────────────────┐
│   线上供给/交付（腾讯）      │
├─────────────────────────────┤
│   线下供给/交付（淘宝/京东） │
└─────────────────────────────┘
              ▼
┌─────────────────────────────┐
│   线上供给/交付（腾讯）      │
├──────────────┬──────────────┤
│消费品实物电商│生活服务电商  │
│（淘宝/京东） │（携程）      │
└──────────────┴──────────────┘
              ▼
┌─────────────────────────────┐
│   线上供给/交付（腾讯）      │
├──────────────┬──────────────┤
│              │异地生活服务电商│
│消费品实物电商│（携程）      │
│（淘宝/京东） ├──────────────┤
│              │本地生活服务电商│
│              │（美团）      │
└──────────────┴──────────────┘
```

图 5-6 细分目标市场 AB 分类法

在生活服务电商部分切第三刀：异地生活服务电商——代表性企业是携程，本地生活服务电商——代表性企业就是美团。

当时，众多创业企业试图尝试在电商领域取得突破，但往往是在原有市场里做细分类目，即所谓"垂直电商"，但阿里等超级电商平台的流量聚拢效应优势太大了，垂直电商日益被边缘化。美团不是在已知实物电商市场里寻找利基市场，而是寻找了未知的新市场。美团的细分市场划分与选择方法简单、实用，同时具备了创新性，非常适合企业家和创业者借鉴与使用。

这就是定义和切割细分市场的价值，既可以帮助企业找到未来市场，也可以帮助企业在已是红海的存量市场中寻找切入机会。

你的企业的细分市场定义需要切几刀？可以怎样创造性地切割？可以横切、竖切，也可以斜着切，总之，你可以创造性地切割和定义细分市场。服务企业客户，尤其是服务中大型企业客户的企业家和创业者，往往习惯性地按行业来切割细分市场，但可能遇到单个行业的应用市场太小的情况，不覆盖多个行业很难扩大规模，覆盖多个行业又显得不聚焦。那么，从另外一个维度看，这些不同的行业是不是都有相似的应用场景呢？

KEEP GROWING
SIMPLE
**高质量增长实践**

## 安琪酵母的另辟蹊径

安琪酵母作为一家国有控股的企业,在充分市场化竞争的酵母领域取得了非常了不起的经营成就,其酵母产品在 2021 年国内市场占有率超过 60%,全球占有率超过 15%,产销规模已位居亚洲第一、全球第二位,酵母抽提物的规模位居全球第一。通过专注酵母这个并不起眼的小领域,安琪酵母 2023 年获得了 135.8 亿元收入、12.7 亿元归母净利润。最新市值 316 亿元。

早年,安琪酵母独辟蹊径地开辟了用于蒸馒头的家庭用小包装酵母,让它在欧美巨头垄断之外找到了一片新市场,度过了创业早期最困难的阶段。

在近十年的发展过程中,从细分市场定义与切割的角度,安琪酵母关注的第一个维度并不是所谓的"行业维度",而是通过"场景"切割定义细分市场,聚焦于"发酵"这一应用场景。第二个维度才是行业维度,酵母的下游行业主要包括烘焙、中式面食、酿酒等。其中,烘焙行业的酵母用量最大,烘焙行业还可以再进一步细分为"现制短保的烘焙食品门店""长保的烘焙食品生产制造"等。

需要不断寻找非常规的、独特的维度，才能找到一个独特的细分市场，而每个细分市场中的核心客户、核心需求都可能会有明显差异。划分细分市场之后是评估与选择细分市场。选择代表着放弃，至少是阶段性的放弃。选错了，可能就会错过一个黄金发展机遇，或者可能陷入企业经营的泥潭。为此，各位企业家、创业者需要建立评估与选择核心细分市场的科学方法或决策标准。

## 如何选择"核心细分市场"？选对池塘钓到鱼

在面临多个细分市场无法抉择，或者股东之间、高管团队之间围绕细分市场的选择各执一词，存在激烈的矛盾或分歧时，评估与选择核心细分市场的决策标准将发挥举足轻重的作用。

每个细分市场的市场规模、毛利率、应收与库存、成长性与所处成长阶段都存在较大差异，科学评估的前提就是对各个细分市场进行扫描与分析。这好比生活中的体检，通过对各种身体指标的系统性检测，判断身体各个部位的健康程度。通过对细分市场不同维度指标的扫描、分析、评判，最终为企业选择合适的细分市场提供决策依据。

与细分市场划分类似,细分市场的分析与评判维度也并非越多越好。我建议重点选择三个关键维度进行分析与评判,除了紧抓关键维度,在这几个关键维度之上的数据真实性、分析洞见极为重要。不能凭感觉、凭经验随意拍脑袋,经营者身在其中,往往当局者迷,看不清市场的本质,经验主义往往靠不住。因此,应全力做好市场调研、数据分析、专家客户访谈工作,进行多方验证、充分研究。

我选择了若干具有普适性的分析维度展开简要说明。企业家、创业者可根据本行业的特点选择其中某些普适性维度,并有针对性地加入独特的或创新性的分析维度。将二者结合起来,才能更有效地评估和选择细分市场,相关维度的选择或创意往往体现了创业者对市场的认知深度和独特的判断力。

当然,进行细分市场评估和选择并不必然意味着企业只能在一个细分市场开展业务,尤其当企业规模持续扩大时,进入或布局新的细分市场也可能是合理的战略,但切记谨慎、谨慎再谨慎,同时,亦应遵循"二八定律",将主要资源和精力投入主要的细分市场,也要时刻认识到,进入新的细分市场将给企业带来新的挑战,可能会令企业经营的复杂性和成本大幅提高。

## 市场规模

市场规模指的是这个细分市场"可分配蛋糕"的总规模。进入大市场有巨大的发展空间,但往往将直面大型企业的残酷竞争。进入小市场,发展空间更小,但是竞争强度通常也较小,这或许是隐形冠军的成长土壤。

在很多工业领域,比如精细化工、合成生物等,就有很多领先者可以独领风骚的小市场。某个品类全球市场规模可能也就几十亿元,但更容易聚焦和发力。按照兰切斯特(F. W. Lanchester)的理论,但凡第一名企业市场占有率超过74%,就处于绝对的垄断地位,某种程度上具备了在这个市场的话语权和定价权,其他竞争对手很难再撼动其位置。若第一名企业的市场占有率不到26%,即说明该市场还处于分散状态,各方仍在激烈搏杀,这对创业企业来说可能就存在进入的机会。

比如我们熟知的承德露露(000848),在杏仁露这个小市场里拥有90%的市场占有率,2022年凭借26.92亿元收入获得了6.02亿元净利润,净利率超过22%,远高于同年伊利公司8%的净利率。因此,承德露露是一家典型的"奶牛型企业",上市26年,共分红22次,累计分红总额35.12亿元,分红率高达53.9%。

不少企业家或创业者对细分市场切割的大小难以把握。常见的误区是，一家中小企业或创业公司所切割的细分市场规模动辄万亿元，但其实该企业的产品或服务真正涉及的细分市场可能仅仅百亿元规模。通常，万亿元规模是大型或巨型平台的目标市场，中小企业往往难以企及，由此必然会导致战略失焦。

这里所讲的"市场规模"是你能够提供的服务或者产品在这个目标客户群能够创造的收入规模。很多创业者存在"高估细分市场规模，高估自身能在细分市场中取得的份额"的倾向，这种盲目乐观的倾向是危险的，拥有新技术、替代技术的创业者，更要警惕盲目乐观的倾向。

所定位的目标市场规模过大是一类典型错误。但是连切几刀后，细分市场可能只有十亿元级、亿元级规模了，企业似乎又缺乏发展空间了。因此，细分市场定义过大了，不聚焦，细分市场定义过小了，不过瘾。怎么办？

**首先，企业家、创业者要区分战略规划和企业愿景。**企业愿景要面向长期和未来，是数十年的视角，必须宏大，甚至往往从当下情况来看尚无法实现。宏大（甚至是当下无法实现），才能真正激励人心。战略规划通常是短期或中期规划，如年度战略规划或 5 年战略规划，必须大概率能实现，具有较高的现实可行性。在此基础上，对细分市场进行切割之后，企业应在某个细分市场中，通过一年或几年的深耕，有望进入该细分市场的前三名。

**其次，任何大企业都是从小企业成长起来的。**只要你能在某个细分市场中成为领导者，假以时日，可能是十年，可能是数十年，今天的小企业就可能成长为知名的中大型企业。所以，企业家、创业者不要担心所切割的市场过小，而要确保企业有望在数年内成为该细分市场的领先者。当然，随着企业的成长和规模的扩大，所切割和选择的细分市场可以动态地调整和扩大。

正如如日中天的英伟达，已经成为人工智能时代的"基础设施"，今天几乎所有人工智能公司可能都在给英伟达打工。在 10 年前，英伟达只不过是一家游戏显卡公司而已，那时，再大胆的预言家也不敢预言英伟达在 2023 年的狂飙。

此外，隐形冠军通过"专业全球化"可将潜在市场规模大幅扩大，多数隐形冠军是全球化企业。当然，首先选择在一个区域市场（往往是"母市场"）上占据领先地位是全球化的前提条件，而全球市场规模往往大于其第一个立足的区域市场。

## 成长性与所处成长阶段

细分市场的成长性和所处成长阶段,会直接影响企业的经营策略。在高成长性市场的早期阶段,创新百花齐放,任何一个主流需求被有效满足,都可能带来指数级增长。这时,快速试错、快速迭代、抢位、卡位、敏捷开发,都是行之有效的策略,例如 2007 年的"iPhone 时刻"、2019 年的卫星互联网、2023 年的通用人工智能。

通过风险投资、资本市场的助力,在高成长性市场早期阶段增强竞争力已经成了企业的标配,而资本的助力也往往伴随着产业资源的助力,微软向 OpenAI 投资 130 亿美元,并帮助 OpenAI 实现商业化闭环,便是最新案例,而这也有助于实现产业龙头的刷新。如今,微软市值达到 3 万亿美元,一度超越了苹果公司的市值。产业龙头通过与创业公司的深度合作,实现了 1+1 > 2 的化学反应,在高成长性市场的早期阶段,既实现了双赢,也快速抢占了有利的市场地位,这正在成为产业龙头和创业公司共同的主流策略。

在低成长性的成熟市场,对存量市场的争夺与再分配就成为企业的重点。深挖和延长用户价值,低成本盘活存量资产,在精益中寻求品质极致化、成本极致化,就成为企业的优先选择。这个阶段将出现低成本盘活存量资产的机会，企业可通过轻资产的产业互联网方式整合供应链中的过剩产能，从而成为助力全行业"降本增效"的产业数智平台。

中国经济正在从增量市场转向存量市场。一方面，存量市场规模庞大，盈利模式清晰，在存量市场通过"降本增效"牢牢占据优势地位，往往可获取较为可观的盈利，打造"现金牛"业务，是非常有吸引力的战略选择。另一方面，以新技术、新业态、新模式重塑存量经济存在巨大商机和创新空间，这也将是中国经济未来 10 年的重要战场。

**毛利率水平**

毛利率反映的是企业的赚钱能力和行业吸引力。不同的细分市场，毛利率也会存在差异。

不同的区域市场就存在毛利率差。近年来跨境出海业务成为焦点，其毛利率明显高于传统的出口贸易型业务，亦高于同类产品国内市场销售的毛利率。例如，充电宝是一个非常普通的电子配件，通过亚马逊平台主做海外市场的安克创新（300866），在国内无人熟悉，但在亚马逊平台上的深耕却使它的销量常年位居美国同类产品销量首位，靠充电宝等小家电获得百亿元营收，毛利率在 40% 以上，净利率约 10%。2020 年 8 月，安克创新登陆深交所创业板，成为"跨境电商第一股"，2023 年收入达到 175.07 亿元，归母净利润达到 16.15 亿元，最高市值曾突破 800 亿元。

当下的出海模式与过去的代工、出口批发贸易等低毛利率的模式相比已经发生了质的变化，是 DTC 模式下的品牌出海，是全球化 2.0 新模式。

再如，服务大型企业客户的毛利率往往会高于服务中小企业客户的毛利率。大企业客户要求高，付费能力强，"心理钱包"大，需要企业提供更多的解决方案和更快速的响应服务，因此毛利率高也在情理之中。航空航天、军工这些高精尖领域的订单毛利率明显要高于民用市场订单的毛利率，但也存在技术要求高、订单量小、采购批次多、服务要求高、评估周期长等挑战。

细分市场的行业、区域、客户类型、需求、营销模式等往往会影响毛利率。

**资金周转情况**

资金周转既包括固定资产投入，也包括应收、应付、库存等运营资金状况。企业经营的生命线就是现金流,健康的现金流是企业经营的首要目标和经营底线。

高固定资产投入是拖垮企业的常见原因。企业不是绝不能进行固定资产投入,但"没有金刚钻不揽瓷器活"。首先,企业家或创业者应判断固定资产投入是不是行业特征的必选项;其次,必须量力而行、切勿冒进,必须有获得充沛资金的方法,必须做好极为精细化的资金统筹。

例如,半导体代工行业,重资产投入是其内在特征。如今一家先进制程的半导体代工厂需要投入200亿美元,所以,全球半导体代工企业玩家有限,即使如台积电般强悍,也可能稍有不慎就元气大伤。然而,正是因为台积电 Foundry 模式[1]的壮大,Fabless 模式[2]的确定性才得以显著增加。英伟达正是通过与台积电结盟,只负责芯片的电路设计与销售等轻资产事项,将生产、测试、封装等重资产环节全部外包,才得以在半导体行业长跑中轻装上阵,并在人工智能时代实现弯道超车。

---

[1] Foundry 模式,晶圆代工或晶圆专工,是半导体产业的一种商业模型,指接受其他无厂半导体公司委托、专门从事晶圆成品的加工而制造集成电路。
[2] Fabless 模式,即无晶圆厂模式,采用 Fabless 模式的半导体公司只负责芯片的电路设计与销售,生产、测试、封装等环节外包。

同时，不同细分市场的选择对企业应收、库存的影响也是巨大的。如果选择大型客户市场，往往是项目型订单，相对而言，通过"以销定采或定产"就不会产生过大或过长周期的库存，但可能会产生较大金额和较长周期的应收账款。如果选择中小企业或者消费者市场，可能就需要一定的周转库存，但应收账款可能就会较少或没有。

**现有竞争格局**

现有竞争格局反映了企业选择某个细分市场之后将面临的经营难度与挑战。如果目标细分市场的竞争比较激烈，企业需要确认自身的竞争优势，以及是否仍有赢的机会。是明知山有虎偏向虎山行，仍要参与群雄逐鹿中原的激烈竞争，还是另辟蹊径，选择其他细分市场？

华为在创业初期先选择进入农村市场，农村市场订单小、路途远、环境差，干的是苦活、累活，但竞争难度小，有利于初创企业打开局面、完成原始积累。在推进国际化初期（1996年），华为同样选择以彼时陷入经济衰退的俄罗斯市场为起点，而在营收接近百亿元的1999年，华为才开始进军欧美等发达市场。2004年，在中标希腊雅典奥运会通信设备建设项目、羽翼丰满后，华为才开始着手对自身国际主流电信制造商品牌的打造。华为结合自身能力的成长，在不同的阶段选择进入不同竞争强度的细分市场，由小到大，逐渐扩大经营版图，终于成为世界第一的通信设备商。

努力避免同质化恶性竞争、错位竞争，开辟少人或无人竞争的蓝海，是企业战略更优先的选项。当然，如果你发现细分市场中所谓强大的竞争对手只是"纸老虎"，外强中干，那你也可以出其不意，充分准备之后发动奇袭，实现后来者居上。

因此，如果你最终选择的细分市场中存在强大的竞争对手，并不代表这一选择必然是错误的，而要警醒自己必须有过人之处，构建核心竞争力，并做好长期抗战的全方位准备，否则，你将难以取得胜利。

## 自身优势与对应细分市场的契合度

对所选细分市场与自身优势的契合度进行评估，有利于企业在知己知彼的基础上更充分地发挥优势，抢占竞争中的有利地形。

企业的优势各不相同，可以是功能、性能、品质领先的产品，也可以是专业的服务，极致的性价比，强大的分销渠道，深入人心的品牌，领先的技术，乃至对产业链/价值链的连接力或影响力，或是良好的客户关系、敬业的团队等。但不论是哪种优势，都需要与核心客户的核心需求相匹配，才能更有效地凸显其价值。

不少企业盲目追求大市场，抑或盲目跨界进入战略性新兴市场，追求进步这个出发点可以理解，但是其自身优势可能与该市场契合度较低，导致成功率极低，最后赔了夫人又折兵。另外，不少面向 2B/2G 细分市场的企业感叹伺候大客户太累了，想转型进入 2C 的细分市场，这原本无可厚非。但是这存在企业基因和能力匹配问题，成功率亦不会高。

那如果企业家迫切想进入自己并不擅长的新领域，怎么办呢？一方面，企业的原有团队要仍主攻所擅长领域；另一方面，企业可以通过寻找新团队联合创立新公司，或者以投资（包括成为创投 LP）、并购等资本形式深度链接新企业，从而降低进入新领域的失败率，提高成功率。

以上我仅仅列举了部分常见的划分或切割细分市场的维度。在实践中，各位企业家、创业者可通过多个维度之间的统筹分析，尤其是增添独创的、创新性的维度，从而得出对企业发展具有关键性指导作用的行业级洞见，助力我们做出与多数竞争对手完全不同的战略规划。

如果将市场规模和成长性两个维度结合起来，**"今天的小市场、未来的大市场"将是企业寻找细分市场的最佳选择**。今天的大市场，可能已经群雄割据、巨头林立，竞争极为激烈。今天的小市场、未来的小市场，只能让你的企业生存，难以实现激动人心的爆炸性增长。今天的小市场，大概率可以回避巨头的第一时间重金投入，而未来的大市场可以给企业成长提供巨大的发展空间。

当你选择在"今天的小市场，未来的大市场"进行耕耘（豪赌），选择某种技术路线或产品方向时，你甚至需要具备超越专业投资机构的前瞻性预判能力。当你的下游大客户是新能源电动车、手机企业时，成功预判或错判一款爆款车型（机型）甚至可能就决定了企业未来数年的基本面。所以，企业家、创业者永远是企业"最大的投资人"。

此外，企业家、创业者应将毛利率、周转、市场规模等维度结合起来进行研判。多数产业互联网平台模式，如果单纯只看它的毛利率的高低可能就会造成重大的战略误导，低毛利率、高周转、低风险、低费用，将有望实现较高的收益率。此时，应以"毛利额增长"视角评判产业互联网平台企业的健康度。毛利额反映的是在这个细分市场中企业的产品或服务所创造的整体价值，又称"利润池"。

在如今的细分市场选择中，国家法律法规与监管趋势、地缘政治影响、产业链安全性等非经济因素的重要性日益凸显，值得各位企业家、创业者深入研究并做出预判，这确实给企业的战略抉择增加了新的复杂性与难度，也为全球经济发展带来了更多的不确定性。

但是，正是因为不确定性的日益增强，越是聚焦的企业，在今天才可能具有越强的风险感知、防范、调整和抵御能力。狂风暴雨来临的时候，浮萍总是在风雨中飘摇，而深深扎根于泥中的藕根却可轻松躲过狂风暴雨。

## 只做一件大事，但你必须自己找到它

评估与选择细分市场的目的是倒逼聚焦，但放弃是痛苦的、艰难的。不少企业发展了 20 年，一直没有成长起来，不是做得太少了，而是做得太多、太杂了。

在多个细分市场中如何抉择，前文提供了科学的方法论，但关键点仍在于你的内心是否坚定地认为必须做出选择。细分市场选择，是极简增长的核心和魅力所在！只有发自内心地真正认同这一底层逻辑，你才会在实践中敢于聚焦、敢于放弃。

在A股上市公司中，存在众多专注于细分市场而成为中国第一，甚至全球第一的优秀企业。

- 万华化学（600309），截至2024年9月30日，公司市值2 867亿元，2023年总营收超过1 753.6亿元，归属于上市公司股东的净利润168.2亿元，聚氨酯销量在全球市场占有率23%，在国内市场占有率60%。

- 振华重工（600320），截至2024年9月30日，公司市值216亿元，2023年总营收329.3亿元，归母净利润5.2亿元，集装箱起重机全球"老大"，在集装箱岸桥市场，全球市场占有率超过70%，市场份额连续20年全球第一。

- 国瓷材料（300285），截至2024年9月30日，公司市值200亿元，电子陶瓷粉料MLCC全国第一、全球第四。

即使在半导体、通信电子这些我们仍落后于国际领先水平的科技领域，A股市场上也有一批专注于细分市场而取得阶段性成功的优秀企业。

- 京东方A（000725），截至2024年9月30日，公司市值1 681亿元，2023年总营收1 745亿元，归母净利润25.5亿元，全球LCD面板龙头企业，TFT-LCD占全球比重达到18.4%，位列全球第一。OLED技术水平仅次于三星，未来有望成为全球第一。

- 中际旭创（300308），截至2024年9月30日，公司市值1 734亿元，专注于高端光通信收发模块及光器件产品，市场占有率2022年与光模块头部公司Coherent并列全球第一。

- 汇顶科技（603160），截至2024年9月30日，公司市值320亿元，指纹识别芯片领域全球第一，市场份额高达79.8%。

- 鹏鼎控股（002938），截至2024年9月30日，公司市值830亿元，2023年总营收320.7亿元，归母净利润32.9亿元，全球第一大PCB生产企业，占全球市场份额6.3%。

- 亿联网络（300628），截至2024年9月30日，公司市值533亿元，SIP话机市场（桌面会议系统）全球第一，占比27.3%。2023年净利润20.1亿元。

- 长电科技（600584），截至2024年9月30日，公司市值632亿元，全球前十大封测公司，市场占有率13%，仅次于日月光矽品（29.34%）和美国的安靠（15.4%）。

- 光迅科技（002281），截至2024年9月30日，公司市值267亿元，位居中国第一的光通信器件供应商，全球市场占有率7.1%。

这些取得阶段性成功的企业所涉及的细分市场五花八门，真可谓"三百六十行，行行出状元"。与此同时，也有一些发展了二三十年却未能取得成功的企业。回想当年，你是不是也曾经面对这样或那样的机遇？当遇到机遇时，你是否敢于专注于某个细分市场长期深耕呢？

自强则万强，企业要想变得更强、经营更长久，只有做得更深、更透，即所谓"一米宽、一百米深"。

众多优秀企业家成功的背后有一个共同原则——聚焦。无论是从多个细分市场中选择某个细分市场进行聚焦深耕，还是从过去所聚焦的某个细分市场转战迁移到新的细分市场，敢于聚焦，都是企业家的一种优秀品格和经营魄力。"集中优势兵力，各个击破"，正是毛泽东军事思想的核心。

**如果你想把精力集中在最重要的事情上，就必须学会对不是最重要的事情坚决说"不"，而这才是真正的考验。**乔布斯在一次开发者大会上说道："当你想到专注力的时候，你会想，'专注力就在于接受'。不！专注力在于说'不'。"

敢于聚焦，绝大多数企业家、创业者都会赞同这一原则，但是在实际经营中是否敢于放弃那些不重要的事情？这才是真正有效的评判标准。舍不得放弃、不敢放弃、不愿放弃、顾及自己的面子或他人的情面，往往是聚焦最大的敌人。

聚焦，不仅仅是一种商业经营能力，更是一种思维方式，一种价值观，也是一种人生习惯。化繁为简，不仅会使你的企业经营更具竞争力，更有可能走向成功，也会让你和你的团队的内心更为安定，生活更为幸福。

在《最重要的事，只有一件》（*The One Thing*）这本书中，作者加里·凯勒（Gary Keller）、杰伊·帕帕森（Jay Papasan）讲述了喜剧电影《城市乡巴佬》（City Slickers）中一个颇有哲理的小故事。

> 牛仔领队老柯与城市乡巴佬米契一起离开队伍去寻找走失的牛群。尽管他俩平时冲突不断，但在这次共同寻找走失牛群的过程中，他们对生命这个话题展开了一段平静的对话。
>
> 老柯说："你知道人生的秘密是什么吗？就是这个。"（说着，他伸出一个手指。）
>
> 米契不解地问："人生的秘密就是手指？"
>
> 老柯回答到："人生的秘密就是只做一件事，就一件。只做一件事，其他的事都不值一提。"
>
> 米契又问："那么，这件事到底是什么呢？"
>
> 老柯："你必须自己找到它。"

老柯告诉我们的人生的秘密，其实也是成功的秘诀。也许这部电影的编剧已经发现了成功的秘诀，也许他们只是随便写写却歪打正着。无论怎样，的确如老柯所说，只做一件事就是成功的捷径。

是的，各位企业家、创业者，你们只要做一件大事，但你必须自己找到它。

KEEP
GROWING
SIMPLE

第三部分

# 极简增长的执行原则

# KEEP GROWING SIMPLE

## 06

## 重大投资如何决策

> 谁掌控生产性服务业，掌控产业链的生态，掌控它的基础、它的运行，利润的大部分当然就会由谁拿走。这就是制造业的灵魂、附加值、生态等各种价值所在。
>
> ——黄奇帆，知名经济学家

企业家、创业者要拿出 10 倍于产能建设的精力、资源投入到销售前置、资金筹措等方向，防止企业猝死于资金链断裂。

KEEP GROWING SIMPLE

企业在发展过程中，往往涉及重大投资，但重大投资往往存在不确定性，机会与风险并存。重大投资意味着重大风险性决策，造成投资失败的原因往往就是偏离了战略规划中针对四个灵魂追问做出的四大核心抉择。

那么，企业该如何管理重大投资呢？

**只有符合四大核心抉择的重大投资计划，才值得进一步评估其合理性或必须性。同时，在资金层面，企业务必量力而行，避免现金流被拖垮。**反之，凡是不符合四大核心抉择的重大投资，往往就是不合理、不值得推进的投资计划。即使算账觉得能赚大钱，也应规避，因为这类投资通常会导致公司战略紊乱或者使资源投入最终变成沉没成本。

## 重资产：如非必须，少做或不做

谈到重大投资，中国企业最为娴熟的当属买地、盖厂房、增加设备等固定资产投资。目前，中国工业产能利用率在74%左右，低于75%就属于产能严重过剩了。因此，在中国经济转入中低速增长期，涉及固定资产或产能的重大投资都应极其慎重。

重大固定资产投资占压大量资金，不仅可能会使企业资金全面"钙化"，多数企业还会因此背上沉重的债务负担。如果产线不能按期投产，或者产品生产出来后销路不畅，往往还会导致企业经营性现金流紧张，甚至有的企业因为重资产投资而导致资金链断裂。这也是我们时刻提醒、一再强调不应盲目投资重资产的原因。

企业不是不能进行固定资产投资，而是要谨慎进行重资产投资，即务必合理控制固定资产占总资产的比重，确保企业在进行固定资产投资之后仍能保有健康的现金流，应坚决避免"肝硬化"，坚决规避资产"钙化"，不要因固定资产占总资产的比重过高而将企业资金链拖垮。

确定核心客户、核心需求、核心产品、核心销售系统，其中一个重要意义就是围绕这四大核心抉择建立企业的核心能力，建立竞争壁垒。如果重大投资计划与核心能力建设或竞争壁垒构建密切相关，或者这个重大投资是核心能力建设和竞争壁垒构建必不可少的路径，而且确实无法以轻资产方式构建核心能力时，才可以进一步评估重资产投入的可行性，即**如非必须，原则上不做、少做固定资产的过大投入。**

"重资产"通常是大企业的专利，是大企业提升竞争优势的杀手级武器。绝大多数中小企业只能奉行"轻资产"逻辑，以保持经营弹性和现金流的稳健安全。能租不买，能用二手设备不买新设备，能委托他人生产不自建工厂。

当只能进行重资产投入时，务必在企业资金可承受范围之内量力而行，妥善做好精细化、稳健的现金流规划，提前准备突发事件下的应急预案，总之，应高度警惕资金链断裂的风险，避免出师未捷身先死。

目前，中国的中低端、同质化产能过剩已较为严重，中国PPI（工业生产者出厂价格指数）、CPI（居民消费价格指数）等连续多年低迷，这既有需求不振的原因，也有产能过剩的原因。因此，中国仍较为依赖外贸出口消化过剩的产能。企业家、创业者新增这类低端同质化产能时，需极度谨慎、充分论证。同时，中国中低端产能应力争通过个性化柔性能力改造等进行升级升维。**中国高端先进制造产能仍较为不足，具有较大的投资空间。**

2024年政府工作报告将"大力推进现代化产业体系建设，加快发展新质生产力"列为十大任务之首，"新质生产力"已成为各级政府扶持和鼓励产业发展的方向，是企业家、创业者创新创业的方向指引，也是创投机构科技投资的指南。

"十四五"规划提出要聚焦新一代信息技术、生物技术、新能源、新材料、高端装备、新能源汽车、绿色环保以及航空航天、海洋装备等战略性新兴产业，加快关键核心技术创新应用，增强要素保障能力，培育壮大产业发展新动能。在类脑智能、量子信息、基因技术、未来网络、深海空天开发、氢能与储能等前沿科技和产业变革领域组织实施未来产业孵化与加速计划，谋划布局一批未来产业。

但在鼓励企业围绕高端先进产能进行布局时，仍需指出，即使在高新技术制造领域，中国的产能建设也随时面临阶段性过热的风险，这就要求即使在高新技术制造领域，企业仍需围绕四大核心抉择进行重大投资的充分准备，避免一哄而上建设产能。

新能源产业是中国具有全球竞争力的战略新兴产业，但短短 10 年间就经历了 2012 年产能严重过剩和 2023 年光伏行业预警。相比之下，2023 年的产能预警虽然是阶段性的产能过剩，是新技术淘汰旧技术，是先进产能逼迫落后产能出清所导致的产能过剩，但也会对相关企业造成巨大的冲击。

因此，即使在高新技术领域的产能建设，也应极度谨慎。重大投资计划要紧紧围绕四大核心抉择展开，只有明确符合四大核心抉择要求的重大投资，才值得进一步评估其可行性和必要性。凡是偏离四大核心抉择的投资计划，都应严格禁止推进。要将此原则作为严格的投资"纪律"。

如何围绕核心客户、核心需求、核心产品、核心销售系统进行具有战略价值的固定资产投资呢？随后我将通过半导体芯片领域的台积电和中芯国际的案例进行分析。

台积电是中国台湾地区的支柱企业，是全球芯片产业链中必不可少的核心企业。台积电是全球第一家晶圆代工企业，也是目前全球最大的晶圆代工企业，市场占有率超过 50%，排名第二的三星市场占有率还不到 15%。台积电在这个领域是当之无愧的"领先者"，市值高达 9 008 亿美元。

据媒体报道，2023 年，台积电前十大客户贡献了其净营收的 91%，他们都是全球顶尖消费电子厂商或芯片厂商，其中华为曾经排名第二，占比 14%。这些大客户的核心需求就是获得先进制程（7 纳米及以下）的芯片代工以保证其在半导体领域的领先地位。台积电整体先进制程（7 纳米含以下）营收占比已达近六成。

在芯片制造行业，规模效应非常明显。如此一来，第一名就可以借助规模领先的优势做到最低成本，并且可以发动价格战打到对手亏本，经常出现第一名挣大钱，第二名不赚不赔，第三名开始亏钱的行业格局。由于生产市场紧缺先进制程高端芯片，价格优势又带来了高产能利用率，台积电的毛利率超过 50%。

KEEP GROWING SIMPLE
**高质量增长实践**

## 台积电重资产投入背后的四大核心抉择

公开媒体报道称："台积电为扩充成熟制程工艺和先进制程工艺的产能，仅 2021—2023 年 3 年时间投资就超过 1 000 亿美元。2024 年会投入 280 亿～ 320 亿美元扩大产能和开发新技术。"

一台用于高端芯片制造的阿斯麦 EUV 光刻机售价就高达数十亿人民币，台积电有 80 台。每台光刻机工作一天就要耗电 3 万度。台积电用电量预计在 2025 年将占中国台湾整体电能消耗的 12.5%。

从财报中可以发现，台积电每年都进行大规模的资本化投入，但近年来台积电除了少量的债务融资，对外股权融资较少，而且每年还有大额分红。可见台积电盈利能力极强，赚到了巨额利润。

从台积电现金流表中可以发现其良好的经营现金流净额，台积电每年大量资产投入的主要资金来源是业务经营所获得的资金，业务融资的成本最低、风险最小。

台积电长期坚定不移地据守在晶圆代工领域。无晶圆厂芯片模式是当今全球半导体产业的主要模式，台积电作为产业链中关键环节芯片代工企业，其客户无疑是全球一线的芯片厂商和消费电子厂商。对这些知名厂商而言，其核心需求就是站在全球芯片业的顶峰，以更低的成本让它们所设计的先进芯片可以被规模化物理实现。台积电的投资也是如此，不断投资能生产更先进制程芯片的设备，进行工艺研发、扩大产能，提升更先进制程芯片的量产能力，以此满足核心客户的核心需求。芯片、消费电子顶尖客户集中度高，新的芯片量产需要代工厂和芯片设计公司进行大量沟通交流，而且芯片订单也都是超大订单。在核心销售系统上,大客户直销是适合这种业务逻辑的最佳销售系统。

因此,台积电的四大核心抉择是:

- 核心客户:全球顶尖的半导体厂商、消费电子厂商,如苹果、英伟达等。
- 核心需求:所设计的更先进制程芯片的量产。
- 核心产品:更先进制程芯片的量产解决方案。
- 核心销售系统:大客户顾问式直销。

中国大陆的中芯国际与台积电的定位一样,同属芯片代工厂,但因为国际大环境,无法获得 EUV 等最先进的光刻机。同时,中芯国际的主要客户是中国大陆的半导体设计公司与消费电子公司,其中一些公司同样面临先进技术被封锁的问题,再加上这些公司本身的技术仍落后于西方先进企业,因此中国客户的核心需求不是追求最先进制程的芯片生产,而是实现成熟制程的芯片以及相对先进的芯片在中国大陆地区的生产。

中芯国际在科创板进行了闪电 IPO 后,实际募集资金净额为 456.6 亿元(超额配售选择权行使前),超额募集资金金额为 256.6 亿元。中芯国际公告称:"超额募集资金将用于 12 英寸[①]芯片 SN1 项目、先进及成熟工艺研发项目储备资金、补充

---

① 1 英寸 = 2.54 厘米。——编者注

流动资金,以及新增的成熟工艺生产线建设项目,这有利于其主营业务的发展。"12英寸芯片SN1项目是中国大陆第一条14纳米及以下的先进工艺生产线。可见,中芯国际的重大投资是结合中国半导体产业的现实情况,围绕中国大陆核心客户的核心需求,契合实际需求的产能投资。

重大固定资产投资一定要紧密围绕四大核心抉择,围绕提升核心能力进行。同时,企业应高度重视将产能投入尽快变现,尽快或者提前展开产品的销售工作。一是尽快有现金流入以解决产能建设产生的负债问题;二是尽早产生利润,以便及时收回产能投资,促进企业进入良性循环;三是尽快占领市场,赢得市场竞争先机。

为此,企业务必全力以赴完成标杆客户的销售订单。台积电在早期也是凭借原有人脉资源和过硬的生产能力拿下了英特尔的重要订单,才得以生存下来的。

企业家、创业者要彻底改变"重产能建设、轻销售、轻资金筹措"的误区,尤其是商业经验不多的科学家型创业者,更应该注意。企业家、创业者要拿出10倍于产能建设的精力、资源投入到销售前置、资金筹措等方向,防止企业猝死于资金链断裂。

重资产产能建设是企业面向未来 5～10 年发展的基础建设，意义重大，但往往占用大量资金，大多是承担高额债务的高风险投资，企业只有紧紧围绕战略四大核心抉择不动摇，与产品、销售等企业经营系统各个模块深度联动起来，才能将重大风险降至最低。

与此同时，我要特别强调，零售连锁业也可能是重资产。可能有读者会反对这个观点，开门店是租房，又不买铺面，哪里来的重资产？如果单纯从财务角度看，租金支出不属于固定资产投资，但因为先付租金、押金也将产生较大的资金占压，店面装修、设备采购都属于固定资产投入，一旦经营不善，都将变成"沉没资产"。

零售业拼的是网络效应，没有足够的店面数量，也就没有影响力，就没有规模效应。但提升数量和规模也有相应的原则和方法。首先要回到四大灵魂追问，并在此基础上延伸出以下问题：你的核心客户是谁？核心消费场景在哪里？客户核心需求是什么？核心产品是什么？核心细分市场在哪里？这些问题最终整合为：开什么样的店？在哪里开店？怎样开店（确定标准店 UE 模型）？

经过 MVP（最小化可行产品）测试之后，应在所选择区域密集开店，力争形成统治性优势，先获得区域优势再拓展，而不能"撒胡椒面"似的全国散打，随意开店。若在任何一个区域都没有形成竞争优势，就会被竞争对手和新进入者碾压或随时反扑。开店不能只追求店面数量，而要追求有效店面的数量和密度。

然后，回到重大投资问题：谁来开店？谁来投资开店？最早的店面、少量的店面，品牌商应自己投资，即打造"样板店"，围绕四大核心抉择打磨店面形象定位、产品、运营体系等，建立和完善店面单位经济模型，这是一个"建模"的过程。更多的店面则可通过连锁加盟模式由加盟商进行投资，即利用社会资源实现业务轻资产扩张。

那么连锁品牌商的主要资金应投向哪个方向？最重要的就是要投在供应链和数字化等方向，为加盟商提供更好的产品、更高效的运营服务。

KEEP GROWING SIMPLE
**高质量增长实践**

### 蜜雪冰城：以加盟和供应链
### 优化打造茶饮网络

截至 2023 年 9 月 30 日，蜜雪冰城全球门店数超过

3.6万家，覆盖中国以及海外11个国家。其中国内门店网络已遍布约300个地级市、1 700个县城和3 100个乡镇，覆盖所有县级城市。

在海外，蜜雪冰城则有接近5 000家门店。但蜜雪冰城仅有47家是自营门店，加盟店比例高达99.79%。

蜜雪冰城招股书中曾披露募集资金将主要投向"生产端"的食品加工、水果深加工、冷冻深加工等项目，同时，将投入"仓储物流端"的进出口基地、供应链中心、前置仓等项目。

对于零售连锁业态，前端的门店投资与管理，属于"规模不经济"，由连锁品牌商集中投资和管理并不能产生更高的战略性价值，因管理成本高，反而更容易产生沉没成本，因而更适合引入社会资源通过加盟模式实现轻资产扩张，这种模式成本更低，效率更高。

后端的供应链建设与数字化管理则属于"规模经济"范畴，通过集中投资、集中采购、规模化运营，最终可实现较为明显的规模效应。

蜜雪冰城2022年全年以及2023年前9个月，分别实现营收136亿元、154亿元，分别实现净利润20亿元、25亿元。

## "软能力"重投入,"生产性服务"决定利润归属

"重资产"产能建设对应的是"软能力"建设。对于制造业,"生产性服务"是制造业的首要或具有普适性的"软能力"。

一部手机有 1 000 多个零部件,这些硬件形成的附加值占产品价值的比例约为 45%,其余约 55% 的产品价值是操作系统、各种应用软件、各种芯片的设计专利等,也就是各种服务。这些服务"看不见摸不着",但占据这个手机约 55% 的价值。这就好比苹果公司通过各种"软服务"获取了全球手机行业超过 85% 的利润,而中国公司在苹果手机代工中仅仅获得 5%～15% 的毛利率。其他各种各样的高端装备、终端都有类似的特征。

中国 GDP 目前排名世界第二,仅次于美国。在美国的 GDP 组成中,服务业占到了 80%,在这 80% 里近 70% 是生产性服务业,是和制造业直接相关的专业服务。不仅是美国,发达国家生产性服务业占 GDP 的比重基本为 40%～50%。

知名经济学家黄奇帆认为:"虽然中国的服务业占 GDP 比重约 57%,但中国的服务业里有 2/3 以上是生活性服务业,生产性服务业只占 1/3,占 GDP 比重不到 20%。按这个逻辑来算,

在中国的生产体系中，生产性服务业最为薄弱。如果未来中国要崛起，实现进一步发展，生产性服务业在整个 GDP 里的比重至少要从当前的 17%～18% 提高到 30%。同时制造业的比重不能低于 25%，最好达到 25%～30%。"

"谁掌控生产性服务业，掌控产业链的生态，掌控它的基础、它的运行，利润的大部分当然就会由谁拿走。"黄奇帆表示，"这就是制造业的灵魂、附加值、生态等各种价值所在。"

因此，这代表中国制造业的发展趋势，应显著提高生产性服务业在制造业中的比重。这是中国企业加强"软能力"建设的重要方向与机遇。生产性服务业的内涵和外延都极为丰富。[1] 生产性服务是典型的"软能力"，一方面要求现有制造业企业全面提升服务能力，向生产性服务转型升级是制造业转型升级、创新发展的主要方向之一；另一方面也为更多公司创

---

[1] 2023 年 10 月 28 日，黄奇帆发表了主旨演讲《大湾区与粤港澳一体化发展 I：引领高质量发展》。生产性服务业包括 10 个方面：一是产品和制造产品的工艺流程所需要的研究开发服务；二是各种产业链中的物流配送、战略物资的平衡到位；三是产业链中的金融服务；四是企业准入，零部件产品质量的检验检测等服务；五是绿色环保的保障服务；六是把产业链通过大数据、云计算、人工智能、区块链、移动互联网等数字赋能推动传统产业数字化的服务；七是各种产品包括原材料、零部件的线上线下采购、销售、贸易、批发等服务；八是专利司法保障、品牌的推销广告等服务；九是产品维修和更新升级等售后服务；十是整个产业链的外包服务。

造了在生产性服务业领域实现创新的机会。

"软能力"建设的核心是人才，对人才投资的价值远高于对固定资产投资的价值。一方面，对人才的投资就是重大投资，决定企业的未来。但另一方面，人员成本往往需要刚性兑付，在人员成本越来越高的今天，其成本压力也不容忽视。

因此，企业经营中对人才的投资亦属于重大投资，既要"敢投"，也要"慎投"，符合战略方向的人才投资，要敢投，不符合战略方向的关键岗位、关键人员，要慎投或者不投。什么叫符合战略方向？就是指人才的选用是否符合解决前文提及的四大灵魂追问的要求。

2020年的"断芯"之痛，使华为海思陷入了至暗时刻。失去了台积电这一重要的代工伙伴，加之中芯国际的工艺水平暂时达不到海思麒麟芯片的高标准，海思的高端芯片研发被迫中止，暂时只能停留在图纸上。此时，海思员工超过7 000人，虽然维持这部分人力投入将是一个沉重的财务负担，但华为管理层表示海思不会重组和裁员。换言之，尽管受到制裁，哪怕台积电无法持续生产，海思半导体仍然将不惜代价继续保留开发团队，开发高端半导体。超过7 000人的高端人才团队，单单薪酬支付就是一个巨额数字，为什么华为还要坚持？因为海思是华为的重要战略方向，再困难也要咬紧牙关坚持投入。

此外，对"软能力"的投资除了内部人才，也包括外部智囊和专家。企业管理者身在其中，聘请优秀的外部专家往往事半功倍，有助于企业管理者厘清方向、把握关键节点、少走弯路。

任正非曾说："如果我们人人都必须完成认识的全循环，那么我们同发达国家的公司相比也就一点优势都没有了。为什么呢？前人已经做错了事，走了那么多弯路，认识到今天的真理，我们却不去利用，却要去重新实践，自然就浪费了我们的青春年华。因此我们要站在巨人的肩膀上，站在世界发达国家先进公司已经走过的成功的经验、失败的教训的基础上前进，这样我们就占了大便宜，我们的生命就能放射光芒。"

1997年，华为的销售额达到了41亿人民币。但任正非对企业未来的发展忧心忡忡，他考察了一圈美国科技企业后，发现路易斯·郭士纳化腐朽为神奇，居然能让IBM这么庞大的企业再次焕发生机。于是，任正非决定邀请IBM给华为提供专业咨询服务。首期合同中，咨询费、互联网工具费和实施费合计投入将近20亿元；首期合同结束后，华为又续约了5年。前前后后，华为向 IBM 学习了 10 年，耗资将近 40 亿元。投入之巨大，令人震撼。自此，IBM 的咨询师便一直与华为合作。IBM 在华为的咨询顾问最多时达到 270 人，平时也有 20～30 人。历经 10 年的虚心学习与潜心苦练，华为终于修成正果。

因此，企业家和创业者对"软能力"建设应坚决加大投入力度。"软能力"建设所投入的资金规模通常明显小于固定资产投入的资金规模，而其产出成果通常大于固定资产投入，且更具有长期性，更易形成企业核心竞争力。

2019 年 7 月 31 日，华为举行"千疮百孔的烂伊尔 2 飞机"战旗交接仪式，任正非在仪式上做了题为《钢铁是怎么炼成的》的讲话，在会议上提及："5G 就是一个'小儿科'，被过于重视了。5G 提供高带宽、低时延，支撑的是人工智能，人工智能才是大产业。"他认为，人工智能是又一次改变信息社会格局的机会，它需要超级计算、超大容量的数据存储和超速联接的支撑才能实现。

5 年后，人类呼啸进入人工智能时代，如何在人工智能方向进行"软能力"投资以构建人工智能时代的核心竞争力？这值得每位企业家和创业者深思并探索尝试。

KEEP GROWING
SIMPLE
**高质量增长实践**

### 万华化学创新能力的秘密：
### 依靠人工智能提升科研效率

万华化学（600309）被称作"化工界的华为"。万华化学发布的 2023 年度业绩报告显示，2023 年公司实现营收 1 754 亿元，净利润 168.2 亿元，净利润连续 7 年超过百亿元，而这归功于万华化学强大的技术创新能力。

万华化学在 1996 年研发出 MDI（二苯基甲烷二异氰酸酯）生产技术，让中国成为继美、德、日之后第四个掌握 MDI 制造技术的国家。MDI 是一种聚氨酯材料，用于建筑保温、轻工纺织、汽车、家电等领域。如今，万华化学 MDI 的产能占全球市场份额约三成，位居全球第一。

万华化学董事长廖增太在接受《中国企业家》专访时说："2023 年，我们用人工智能来辅助科研，取得了非常明显的效果，大大提高了效率。用人工智能来辅助我们做化学反应条件的优化，做催化剂分子式的筛选，大幅提高了科研的效率。所以，未来一个企业的竞争力，很有可能和人工智能使用水平的高低有关系，你使用的水平高，可能你就厉害了。人工智能可以产生颠覆性的技术，因为它有智能的成分在里面。人工智能用好了,就可能实现弯道超车,就会走在时代的前面。如果你不重视人工智能,甚至不用它,很可能就被时代抛弃了。它不光用于科研,还用于整个生产过程、智能化控制等,所以,人工智能会产生很多意想不到的效果。"

人工智能时代的变化之大,将远超今天人们的想象。如何构建人工智能时代的"软能力"?这非一日之功,企业家、创业者应进行前瞻性布局,提早介入。尤其是在面向核心客户的核心需求时,如何借助人工智能的力量进行探索与尝试,更是时不我待。

## 并购与被并购,驶入增长快车道

部分企业会采取内外结合的方式,即通过内部发展和外部并购(被并购)相结合,实现业务规模和市场份额的双重增长。

过去 10 年中,中国的企业并购与被并购的案例较少,这既是因为民营企业家"宁为鸡头不为凤尾"的思维习惯,更是因为中国处于高增长周期时企业习惯于自我发展,认为遍地都是增长机会,因此无论是并购方,还是被并购方,都缺乏整合的积极性。在中国进入中低速增长期后,并购与被并购将成为更普遍的经营行为。然而，并购与被并购都属于重大投资行为，潜在收益大，但风险也较高。

据麦肯锡公司统计，国际上的并购成功率一般只有 33%，近 70% 的并购效果不明显或以失败告终。但与企业战略紧密结合的并购如果成功了，可以帮助企业补足短板甚至在短期内实现跨越式增长。并购是企业发展的一种重要手段，在医药、半导体、消费品等众多行业中，众多知名企业的发展历程就是通过不断并购实现持续增长的过程。

在此我要特别强调，通过被并购方式融入更强大的生态，寻找到更强有力的合作伙伴，亦是寻求增长与发展的一种主动战略选择，而这被相当多的中国企业家、创业者所忽略。

KEEP GROWING SIMPLE
**高质量增长实践**

### 韦尔股份：并购驱动的半导体设计领军者

韦尔股份（603501）是中国 A 股市场半导体龙头股之一，其快速发展就是抓住了移动通信领域高速发展的机遇并通过并购迅速实现了跨越式发展。

韦尔股份成立于 2007 年，最初开展的是半导体产品分销和设计业务，其中低附加值的分销业务占比高，半导体设计能力较为薄弱。

2019年8月，韦尔股份以估值152亿元、豪掷130亿元成功并购全球第三大CIS[①]供应商豪威科技85.53%的股权。而彼时，韦尔股份的总市值仅172亿元。

2019年收官时，韦尔股份市值已飙升至911亿元，收入高达135.94亿元，其中，半导体设计与销售业务高达113.59亿元，与2018年相比增长13.67倍，至此完成华丽转身，一跃成为中国最强的CMOS芯片厂商、世界CMOS三巨头之一，迅速完成了从分销商向设计厂商的蜕变。

韦尔股份通过把握核心客户的核心需求，抓住行业巨变的机遇，敢于重磅投入，以此完成企业质变。当然，更多的企业并购以失败告终，而控制并购风险的关键原则还是要回到企业战略的四大核心抉择上。

韦尔股份并购豪威科技可谓"豪赌"，但最终达成了并购预期。此次并购成功的关键就是围绕核心客户的核心需求，打造核心产品线，提升核心能力。

韦尔股份是伴随着智能手机、移动终端，尤其是以华为为代表的中国自有品牌智能终端的崛起而成长起来的芯

---

[①] CIS是互补金属氧化物半导体图像传感器（Complementary Metal Oxide Semiconductor Image Sensor）的英文首字母缩写。——编者注

片设计公司。随着以美国为首的西方国家对中国的高科技封锁，中国的科技进步遇到了巨大挑战，中国的移动终端厂商也遇到了新问题——关键部件国产化。

2018年，华为Mate20的国产化率仅为25%。2019年，美国的一纸禁令让华为的核心供应链"全部失声"，"逼"着华为走上自主研发之路。华为Mate50的零部件国产化率则已经超过70%。这是最困难的时代，也是最好的时代。不仅仅是华为，对中国的手机厂商而言，实现关键部件国产化已经迫在眉睫。

摄像头核心组件无疑是移动终端的关键部件，近年来各大厂商比拼手机性能，摄像功能已经成为关键竞争点。韦尔股份此次大手笔并购，就正好解决了其核心客户国产手机厂商对关键部件国产化的核心需求。2022年的数据显示，全球CIS（CMOS图像传感器）市场集中度非常高，索尼占42%；三星占19%；豪威科技占11%，排名第三（曾经是全球第一）。

此外，智能汽车终将改变汽车存在的价值，它不再只是出行工具，而是大型智能终端、计算中心、移动生活空间。摄像头作为视觉感知的关键部件，在汽车领域同样必不可少。随着无人驾驶时代的到来，韦尔股份COMS产品线作为核心产品线，有望从手机领域延伸到汽车领域以及工业智能化领域。

韦尔股份从一个没有什么技术积累的分销商成功转型为A股第二大半导体设计公司，这起并购起到了"腾笼换鸟"式的关键作用，堪称画龙点睛之笔。

被收购的豪威科技在2011年前是全球排名第一的CIS供应商，在被韦尔股份收购时，已经跌到了全球排名第三的位置。目前排名第一、第二的索尼和三星都是因为在手机、电视等消费电子业务下滑后，开始在上游供应链业务方面发力，索尼更是把CIS作为其重振集团的主要业务，开始了跨越式发展，市场占有率超过40%。高端市场被索尼和三星挤压，低端市场则被海力士、格科微、思比科、奇景等中韩厂商蚕食，美国的豪威科技的优势地位逐渐式微，开始走向衰落。

由中信资本、北京清芯华创和金石投资组成的财团在2015年以19亿美元收购了豪威科技这家美籍华人创办的美国公司。该公司最终于2016年初完成私有化，随后被韦尔股份收购。

在CIS的主要下游消费市场中，中国智能手机市场排名全球第一，中国安防市场占全球市场40%的市场份额，中国新能源汽车占全球市场近 60% 的市场份额。在这样的全球市场格局之下，被韦尔股份这样的中国产业公司收购，对豪威科技开拓和巩固中国市场，融入中国的产业生态有着极大的助力。这也证明了通过被并购的方式融入更强大的生态中，与强者同行，亦是企业发展壮大的重要路径。**因此，基于核心客户、核心需求的并购（被并购），其成功率将大大提高。**

2023 年中国 IPO 政策收紧，对上市公司提出了更高的要求。更多的非上市公司将通过被并购方式实现变相上市，这是融入更大价值链的有效方法，与此同时，更多的上市公司、拟上市公司亦将通过并购扩大企业经营规模、增强核心竞争力，这也将逐步成为新时代发展的又一大趋势。

# KEEP GROWING SIMPLE

## 07

### 研发管理是增长"杠杆"

我曾经天真地说 EUV 会在 2006 年量产,最终它晚了 13 年,但许多人认为这个东西永远不会存在。

——约斯·毕晓普,阿斯麦技术高级副总裁

研发费用削减不了,
往往不是能力问题,
而是管理者的认知和心态问题,
他们不愿意承认把研发费用浪费在了
核心客户刚需之外的功能开发上。

KEEP GROWING SIMPLE

研发管理是极简增长的核心力量来源，也是现代企业战略管理中的重要组成部分。在中国经济进入中低速增长期时，企业如何破局？研发管理是当今每一家企业都不能忽略的关键问题。

"新质生产力"是2024年3月全国两会的"最热词"，并被列为2024年十大工作任务的首位。企业的研发管理是将新质生产力这项国策最终落地的核心抓手与支撑。

什么是新质生产力？习近平总书记指出："概括地说，新质生产力是创新起主导作用，摆脱传统经济增长方式、生产力发展路径，具有高科技、高效能、高质量特征，符合新发展理念的先进生产力质态。它由技术革命性突破、生产要素创新性配置、产业深度转型升级而催生，以劳动者、劳动资料、劳动对象及其优化组合的跃升为基本内涵,以全要素生产率大幅提升为核心标志,特点是创新,关键在质优,本质是先进生产力。"

**新质生产力以全要素生产率大幅提升为核心标志,这抓住了未来数十年中国经济发展的关键题眼。**"全要素生产率"最早由美国经济学家罗伯特·索洛(Robert M. Solow)提出,其来源包括技术进步、组织创新、专业化和生产创新等。中国经济迫切需要实现增长动力的转变,从依靠资本、土地、劳动力等生产要素投入,转变到更多依靠提高全要素生产率的轨道上来,即加快实施创新驱动战略。

为了推动新质生产力建设,企业必须加快科技创新。科技创新能够催生新产业、新模式、新动能,是发展新质生产力的核心要素。企业必须加强科技创新,特别是原创性、颠覆性科技创新,加快实现高水平科技自立自强,打好关键核心技术攻坚战,培育发展新质生产力的新动能。

因此,研发投入是中国企业未来打造新质生产力的主要载体。研发投入占营收的比例超过5%通常被视为科技企业保持研发投入强度的基准线。以2023年三季度的数据为例,科创板企业的研发费用中位数最高,达到12.24%,而创业板次之,为5.29%,北交所企业的研发费用中位数仅为4.78%。

表 7-1 显示了美国纳斯达克市场研发投入最高的 10 家公司的研发投入比例与研发总额。英伟达、Meta 研发费用的比例都超过 20%，光刻机设备生产商阿斯麦的研发费用比例也超过了 15%，研发投入总额亦是相当惊人。

表 7-1 纳斯达克排名前十位公司的研发费用

| 公司名 | 研发费用（亿美元） | 研发费用占收入的比例 |
| --- | --- | --- |
| 亚马逊 | 732 | 14% |
| Alphabet | 395 | 14% |
| Meta | 353 | 30% |
| 苹果 | 277 | 7% |
| 微软 | 266 | 13% |
| 英伟达 | 73 | 27% |
| 博通 | 49 | 14% |
| 阿斯麦 | 35 | 15% |
| 特斯拉 | 31 | 4% |
| 百事 | 8 | 1% |

注：英伟达和博通的研发费用为截至 2023 年 1 月 29 日的最近 12 个月的累计数据；其他公司的费用为截至 2022 年 12 月 31 日的最近 12 个月累计数据。
资料来源："Big Tech's Big R&D bill", Trendline, June 03, 2023。

我在书中大量引用了美国各大全球领先企业的案例或观点，并非为了长他人士气，而是期望借助这些成功企业的实践帮助中国企业家、创业者更深入地理解和掌握企业发展的规律与趋势，我也对中国企业的学习能力充满信心和期待。

## KEEP GROWING SIMPLE
**高质量增长实践**

### 华为：高比例研发投入成就持续增长

2024 年 3 月 14 日至 15 日，华为 2024 年合作伙伴大会召开，华为常务董事汪涛在主题演讲中表示："经过多年的艰苦努力，我们经受住了严峻的考验。2023 年，华为公司经营基本回归常态，整体经营稳健，全球的销售收入超过 7 000 亿元，实现了超过 9% 的增长。华为始终保持对研发的强力投入，通过技术创新来提升产品和解决方案的竞争力。2021—2023 年，这 3 年的研发投入占比都超过华为收入的 20%。2023 年，华为的研发投入总额排名居全球前五。"

华为之所以成为世界级科技公司，是因为其常年坚持高占比的研发投入，即使在被美国制裁之后最困难的时期仍坚持高研发投入不动摇，这值得中国企业家和创业者借鉴。

科技企业的典型特点之一就是研发投入大，但是一旦完成研发并成功商业化，其生产边际成本往往较低，有时甚至趋近零，体现为较高的毛利率和现金流的主导性。而且，科技产品大多可以行销全球以实现更大的规模化，这可以理解为向全球市场"收科技税"。如此一来，这些成功的科技企业往往规模巨大、盈利能力惊人，并且保持持续高增长的态势。

正是因为科技企业具备这些特征，资本市场将给予这类科技企业更高的估值和溢价，即较高的市盈率或市销率。以美国科技企业为代表的上市公司确实在全球赚到了数额巨大的"真金白银"，这也是美国股市"牛长熊短"的主要原因。美国科技企业随后拿着赚来的"真金白银"进行巨额分红或回购，回馈美股投资者，全球资本遂蜂拥而至流入美股市场。

反观中国，为何中国 A 股目前还是"牛短熊长"？虽然有这样那样的原因，但归根结底还是由于中国公司的盈利能力尚有限，因为科技含量不够（多在价值链中的低端）、利润率有限、资金周转慢，并且规模仍有限（全球化占比较低）。中国企业仍缺乏能进行分红或回购的高额净利润，反而只是习惯于在市场上持续融资或大股东套现减持。

从一个企业或者一国的经济视角来看，如何健康地加大乘数效应（杠杆系数）是企业必须面对或回答的关键问题。科技企业通过放大主营业务层面的业务杠杆（全球化、大规模、高盈利），乘以资本市场层面的市值杠杆（市盈率或市销率），两次乘数效应，都是比较健康的杠杆放大模式，而且两次乘数效应相乘的最终结果将极为惊人，这是中国经济迎接当下挑战的最佳路线。

中国相当多的学者或政府官员仍对科技创新的巨大乘数效应缺乏信心或认识不足，潜意识中仍流连于所熟悉的房地产行业的传统乘数效应，大多认为科技创新短期贡献的 GDP 小，难以立即弥补房地产行业下行所带来的数万亿元的 GDP 缺口。

从主流经济学家的话语体系来看，多年来宏观经济分析仍只是"投资、消费、出口"三驾马车的框架，其话语体系中很少出现"创新"或"科技创新"等重大变量。**主流经济学家仍停留在对 GDP 规模的关注层面，明显缺乏对全要素生产率、国民收入、企业盈利等高质量增长重要指标的关注和引导。**

各级政府对科技创新的有效支持力度仍有待加强，"雷声大雨点小"的现象较为普遍；各级政府对科技创新规律的认识也严重不足，众多看似合理的政策却在阻碍新质生产力的发展。

实际上，房地产业的乘数效应是比较低的。虽然在城市化发展进程中，房地产行业确实会有较大规模，但一方面，房地产行业是典型的本地化业务，甚至是"因城施策"的业务类型，只能主要在国内经济中流转，市场总规模的天花板已经显现。中国房地产行业经过 20 多年狂飙后，预计未来 10 年间每年销售额将在 10 万亿元以内。另一方面，房地产行业并不是也不应该是暴利行业，A 股房地产上市公司净利率多在 5% 左右，净资产收益率较低，经营风险极大（负债过大、资产负债率畸高）。也正因如此，资本市场给予房地产行业的市盈率从来都不高，5～10 倍市盈率较为常见，以净资产 PB 法进行估值亦较为合理。

但是，科技行业的乘数效应远高于房地产行业。科技行业通过创新所创造的客户价值永无止境，发展空间无限。全球化极大地拓宽了企业规模化增长的空间，以 SpaceX 为代表的商业航天企业甚至将开创全新的太空经济，它们不仅获得了大规模、高盈利、高周转带来的惊人利润，而且获得的是"真金白银"的真利润。

多年以来，在完成了可观的高质量就业和纳税的基础上，美国各大科技公司创造了极为可观的净利润，并进行了巨额的回购和分红，让股东充分分享公司收益。2023 年，苹果公司实现净利润 969.95 亿美元、回购 782.1 亿美元、分红 150.25 亿美元；微软实现净利润 724 亿美元、回购 180.5 亿美元、分红 198 亿美元；谷歌实现净利润 738 亿美元、回购 615.1 亿美元；英伟达实现净利润 298 亿美元、回购 80.87 亿美元、分红 3.98 亿美元。这是科技公司的第一次乘数效应（业务经营杠杆）。

资本市场自然会追捧真正能创造价值的优秀公司，于是，这些科技公司在盈利后获得了 20～30 倍市盈率的第二次乘数效应（资本杠杆），在高速增长阶段甚至可能获得 50～100 倍的市盈率（如英伟达 2024 年 3 月时市盈率高达约 70 倍）。在盈利之前，科技公司则可根据未来的盈利前景，按照 5～15 倍的市销率进行估值，或者通过模拟未来盈利后的市值进行折现，以此作为当期的市值（即在盈利之前提前享受资本杠杆，这是富有远大前景的科技企业才能获得的特殊待遇），由此将全球资本和投资者吸引到美股。这样一来美国新锐科技公司就可以源源不断地获得长期资本进行长期研发投入，同时，美国一、二级市场投资人收获了惊人的财富增值效应，进而带动了美国消费的强劲增长。

两次乘数效应之间是相乘关系，最终的杠杆效果极为可观。因此，科技企业全球化（面向全球营销赚钱，以进行业务杠杆放大）、资本市场全球化（吸引全球资本回流美国，以进行资本杠杆放大），经过两次乘数效应或两轮加杠杆，美国经济就实现了"牛长熊短"。这就是在美联储强劲加息背景下美国经济迟迟不"硬着陆"的原因，这也是美国问题如此之多却依然是全球经济引领者的内核原因。

因此，大到一国经济，小到每一家企业，我们都应该深刻地认识到科技创新的伟大力量，它是解决我们当前遇到的众多问题的钥匙，当然，一个健康的一、二级资本市场是支持科技创新的必要保障。

与前文所说的学者和政府官员的"房地产崇拜"惯性类似，不少企业家、创业者也有"产能崇拜"或者"固定资产崇拜"的倾向。企业家、创业者应坚决转向对创新的崇拜，当然，终极目标是服务于创造用户价值。

同时，在研发管理中，企业家、创业者既要关注研发投入（绝对值、与收入之间的相对比例），这是从企业战略视角进行宝贵资源分配的重要事务，也要关注研发投入的有效性，促使研发管理产生重大价值和经济效益，而非仅仅是"打水漂"的无效投入。

华为引入 IPD 体系全面提升研发管理和产品开发能力，IPD 体系首先强调把客户需求作为产品开发的源动力，而不是以技术领先为中心。中小企业是否引入 IPD 体系，可结合中小企业的行业特征、发展阶段、管理水平、资金条件等进行综合评估，但借助 IPD 的核心思想和理念精髓在助力中小企业把握研发体系关键点、大方向上颇具普适性。

## 研发管理的两个"凡是"原则，以四大核心为导向

凡是符合四大核心抉择的研发投入，就是合理的、值得的，这一类研发投入再大、再难，都值得努力坚守。这一类投入终将获得应有的市场回报。凡是不符合四大核心抉择的研发投入，就是不合理的、不值得的，这一类研发的前景再令人激动，也不应该做。

20 世纪 90 年代末，光刻机光源被卡在 193 纳米上停滞不前，芯片上已经无法再增加晶体管的数目，支撑芯片产业发展的摩尔定律在现实中似乎正在失效。这意味着芯片性能难以继续提升，半导体行业的发展开始陷入停滞，整个行业都对未来感到焦虑不安。半导体行业各类企业的核心需求非常明显，就是如何持续提高芯片性能。

20 世纪 80 年代，在日本电报电话公司供职的木下博夫，首次提出了极紫外光刻（EUV）的想法，并成功实现了 EUV 中图像的首次聚焦。1986 年，木下博夫在日本应用物理学会

的一次会议上报告了他的成就，如今他被公认为是 EUV 光刻技术的奠基人。当时的木下博夫应该也没想到 EUV 光刻日后需要耗费 30 多年时间、数十亿美元的资金以及数千名工程师和科学家的努力才能实现落地。

1997 年，英特尔、摩托罗拉和 AMD 等长期竞争对手认识到威胁的严重性，联合成立了极紫外光刻联盟，开始研究新一代光刻技术。该联盟与美国能源部合作，开始在能源部下属的劳伦斯伯克利国家实验室、劳伦斯利弗莫尔国家实验室和桑迪亚国家实验室展开研究。

将光刻技术转向 EUV 不仅需要新的光源，还需要新的光学器件、光学涂层、光刻胶、测量工具以及达到纳米级精度。英特尔斥巨资组织学者、专家完成了 EUV 技术理论研究后，并没有再继续推进设备研发，因为研发难度太大了。只有阿斯麦坚定地走在 EUV 的落地实践中，孤独地在艰难的道路上前行。

KEEP GROWING SIMPLE
**高质量增长实践**

### 阿斯麦：在细分赛道上孤独前行

EUV 有一套复杂的光学系统"自由曲面光学器件"，

它将 EUV 光沿着 10 米长的光路聚焦为纳米级光斑，这就像在月球上打高尔夫球一样，阿斯麦与蔡司仅仅合作开发这套光学系统就花了 20 年时间。

2011 年 7 月，第一台研发型 EUV 光刻机（NXE3100）交付台积电。随着光源和光学问题的解决，EUV 光刻机终于从阿斯麦的工厂走向各大晶圆厂。2019 年，台积电应用 EUV 微影技术的 7 纳米世代的改良版晶片正式量产，这也代表 EUV 从试验原型变为量产版本。阿斯麦的技术高级副总裁约斯·毕晓普（Jos Benschop）表示："我曾经天真地说 EUV 会在 2006 年量产，最终它晚了 13 年，但许多人认为这个东西永远不会存在。"

EUV 光刻机让阿斯麦取得了巨大的成功。制造 7 纳米以下芯片的光刻机 EUV，只有阿斯麦一家能做到，阿斯麦成为全世界半导体延续摩尔定律的关键。2000 年时，阿斯麦的光刻机市场占有率只有 20%，如今市场占有率超过 75%，年收入超过 200 亿欧元，市值接近 4 000 亿美元。

阿斯麦之所以能成功，就是敢于聚焦在光刻机细分赛道上，聚焦在核心客户的核心需求上，实现核心需求的核心产品就是先进制程光刻机。历经近 20 年的持续研发，耐得住寂寞，敢于压强性投入，方成正果！

凡是不符合四大核心抉择的研发投入，都是不合理的、不值得的，这类研发的前景再令人激动，也不应该做。对企业而言，这类投入往往只是研发成本而已，因为它不是公司的战略方向。这类研发项目或许只应算是科研人员的个人爱好，如果确实觉得前景广阔，那企业可以评估是否孵化一家新公司进行新的研发与运作。

研发费用削减不了，往往不是能力问题，而是管理者的认知和心态问题，他们不愿意承认把研发费用浪费在了核心客户刚需之外的功能开发上。企业在研发管理上如果不能聚焦核心客户的核心需求，那最终的结果一定会是白白浪费巨额研发费用，市场不会为企业的错误研发方向买单。

1999年12月，第一辆别克GL8在上汽通用汽车下线。此后，GL8成为国内中高端公商务MPV市场的"常青树"和高端政商活动的"移动商务名片"。沈阳华晨汽车作为中国的老牌汽车厂商，在2015年推出了一款商务MPV——华颂7，角逐公商务市场。华颂7当年仅研发费用就投入了26亿元，但华颂7上市之后表现惨淡。到了2019年，1月至4月的销量仅为9辆。

华颂7为什么失败？华晨旗下还有一款"明星产品"——

金杯面包车。同为企业市场，华颂7与GL8似乎有着相似的客户群体，再加上华晨还与宝马成立了合资企业，出产华晨宝马。似乎在品牌上、技术底蕴上也有一搏之力。销售系统就更不是问题了，华晨旗下有华晨金杯、华晨宝马，还有中华系列，早就建立了覆盖全国的零售体系以及为集团采购服务的销售体系。但为什么华颂7最后却一败涂地呢？

回到前文所述的四大核心抉择，核心客户、核心需求、核心产品、核心销售系统，华晨将关键细节统统搞错了。

首先看起来相似的客户群——企事业用户，但因为面包车与商务MPV在企业中的用途完全不一样，使用的人和场景完全不同，采购决策人大概率也不一样。再来看客户的核心需求，GL8成功的原因是"大气现代的造型、豪华宽敞的空间、出色的安全性以及强劲的动力"，这个顺序就是客户的需求排序，核心需求首先是造型、空间。而华颂7的宣传卖点竟然是"宝马提供技术支持的2.0T发动机"，决定买商务车的人一定是坐车的人，而对动力有感受的是司机。那坐车的人感受到了什么呢？华颂7的外观设计低端，逃脱不了面包车的既视感，内饰则是满满的塑料感，毫无商务的感觉。还有很多细节我就不一一罗列了，它失败的原因是不是已经跃然纸上？

华颂 7 的失败，完全源自对核心客户、核心需求的彻底漠视。宝马发动机再好，可惜不是商务 MPV 车客户的核心需求。这类客户首先需要的是"面子"（商务感），不是"心脏"（发动机），即关注外观大气、乘坐舒适，而不是驾驶的动力与操控。华颂 7 白白浪费了 26 亿元的研发费用，却犯了太多常识性的商业错误。各位读者看了这个案例后可能觉得华晨真糊涂，但这样的低级错误却是在众多企业里时常发生的常见错误。

**企业只有聚焦核心客户的核心需求进行研发投入，才能提高研发的有效性，产生预期的研发效益，最终才能有效控制研发成本**。同时，如果想面向企业的非主流客户进行颠覆性创新，应拆分或联合创新公司进行运作。

## 用成熟技术实现"小改进、大效果"的研发创新

对技术研发人员而言，实现引领行业甚至超越时代的新技术应用与新产品研发是证明自身研发能力与先进科技思想的最佳方式之一。但创新尤其是技术创新本身就是一个不断试错的过程，风险高、成功率低。以客户需求为核心，而不是以技术领先为核心，充分应用成熟技术，实现创新突破，才是把握研发方向的坚实底座。

企业研发应契合时代需求，满足当下客户的核心需求，为此，企业应优先运用成熟技术进行创新，以避免研发周期过长、产品质量不稳定，而实现不了客户的核心需求。客户并不会为你所谓的技术与创新买单。

光刻机是人类精密制造工艺的巅峰之作，前文提到阿斯麦以超过 75% 的市场占有率，远远超越竞争对手，其 EUV 光刻机是目前世界上最先进的光刻机，也是目前最先进芯片生产商的唯一选择。但在投入巨资和漫长时间开发 EUV 之前，阿斯麦却在光刻机领域首先尝到了"小改进、大效果"的胜利果实，这也为未来赢得 EUV 研发长跑奠定了坚实的经济基础。而这一切，也是源自企业对四大核心抉择的深刻把握和对研发的通透理解。

芯片制造领域在 2000 年左右出现了制造瓶颈，摩尔定律甚至受到了质疑。因为光刻光源被卡在 193 纳米无法进步长达 20 年。20 世纪 90 年代末，学界和业界提出了各种超越 193 纳米的方案，其中包括 157 纳米 F2 激光、电子束投射（EPL）、离子投射（IPL）、X 光等。但最终以上所有努力，几乎全部失败了。

此时，半导体行业客户的核心需求就是有一台可以稳定生产、实现更先进制程的光刻机。首先是时间问题，所有的新技术方向都需要长时间的研发与巨额资金投入。其次，设备需要能够稳定量产，以备未来产能的扩张，否则整个半导体行业将停滞不前。但上述技术方案都无法满足这两个基本需求。

2002 年，台积电林本坚博士在一次研讨会上提出了浸入式 193 纳米的方案，这其实是一个最简单的解决办法，只需在晶圆光刻胶上方加 1 毫米厚的水。193 纳米的光波在水中被折射成 134 纳米，浸入式光刻成功突破了 157 纳米的限制，直接做到半周期 65 纳米。

随后，阿斯麦在一年的时间内就开发出了样机。在阿斯麦推出浸入式 193 纳米产品的前后，尼康也宣布自己的 157 纳米产品以及 EPL 产品样机完成。然而，浸入式属于"小改进、大效果"，产品仍然采用 193 纳米。193 纳米波长的 DUV 激光就是著名的 ArF 准分子激光，包括近视手术在内的多种应用都使用这种激光技术，相关激光发生器和光学镜片等都比较成熟。所以几乎没有厂商愿意采购尼康的新技术验证机，尼康无奈，被迫宣布转向浸入式光刻机，但已丧失了先发优势，远远落后于阿斯麦。

高科技不一定就是新科技，沿着四大核心抉择的方向，运用成熟技术，通过小改进实现大突破，不仅仅是研发的捷径，更应该作为研发技术选择的重要原则。

那什么时候应该投入较长时间、较多资金进行全新技术的研发呢？答案就是现有技术无法满足核心客户的核心需求，企业再难也要进行新技术破局时，就如阿斯麦研发极紫外光刻机。

## 人工智能是具有划时代意义的共性研发

提到研发方向，各位读者首先想到的是产品的研发，围绕产品的技术、生产工艺的研发，当然只要是围绕核心产品展开的研发就是在正确方向上，但那些看似与产品研发无关但对提高企业的核心能力，对"降本增效"至关重要的研发，同样是紧密围绕四大核心抉择的研发。这类研发通常是一些共性研发，也非常重要，也应纳入研发管理的范畴。

数字化是对每家企业都极为重要的共性研发，尤其在人工智能时代即将来临之时更具有关键意义。

一方面，数字化是研发管理中日益重要的组成部分，对研发本身的"降本增效"意义重大。人工智能在材料、医疗等众多领域的研发中已经开始扮演极为重要的角色，正如万华化学运用人工智能有效提高研发效率。人工智能在各行各业的研发中将解决科学家无法解决的众多科学难题。因此，善于运用人工智能的力量将成为各家企业研发管理中新的核心能力。另一方面，数字化，尤其是人工智能，对企业在营销与销售、交付与服务、供应链与物流、生产制造等各个环节都将产生日益增长的巨大价值。借助数字化和人工智能，对企业实现全价值链的"降本增效"存在巨大空间，这也是共性研发的重要组成部分。

KEEP GROWING SIMPLE
**高质量增长实践**

### 百丽：从退市到 IPO，传统鞋店的数字化转型之路

鞋业连锁是传统行业，这几年百丽却走出了一条数字化转型之路。

2016 年百丽遇到了业绩下滑的问题，高瓴集团收购百丽 53% 的股份，百丽正式私有化退市。退市之后的百丽没有了短期盈利增长的压力，组建了数字化转型团队，开启了全面数字化升级。

在产品研发方面，百丽应用数字化技术，研究了近

400万人的脚型数据，大大缩短了后续新鞋的研发时间，提高了研发效率。同时，工厂化生产也开始在个性化定制上进行新的尝试，解决顾客买不到合适鞋子的困扰。

举个例子，在卖鞋的过程中，百丽数字化团队发现一个异常数据：有一款鞋试鞋率很高，但是购买率很低，反差很大。经过研究以及与顾客进行沟通，他们发现这款鞋外观好看，故试鞋率很高，但由于鞋的脚跟部较松，舒适感大打折扣，故购买率很低。于是百丽对这款鞋进行了优化，重新投放市场之后，这款鞋迅速成了爆款。这就是数字化提升业绩的一个缩影。

在零售端，百丽将所有的门店数据打通，采用实时管理模式。线上和线下的货品全部打通，实时全渠道一盘货，售货员在线上和线下卖货的佣金相同，"24小时不打烊的鞋店"提升了店员的积极性，有效提高了销售业绩。由此，百丽逐步将设计、生产制造、仓储、销售、会员等流程全部纳入数字化系统，即全流程的数字化改造。

退市数年后，2024年3月百丽再次向港交所递交IPO申请。招股书显示，截至2023年11月30日的9个月里，百丽营收和净利润均实现双位数增长，营收同比增长12.8%至161亿元，净利润同比增长92.7%至21亿元。同时，净利率达到12.8%，在数字化的助力下，百丽净利率甚至可以媲美科技公司。

瓦特的蒸汽机彻底使人类进入工业革命时代，大大提高了生产效率。芯片、互联网、数字化等技术革命也都在推动传统产业跨越式发展。科技创新大突破的周期大概是60年，我们正在进入全新的科技时代，人工智能、量子计算、核聚变，正在彻底重塑企业经营和日常生活。

生成式人工智能引领了本轮人工智能产业应用的浪潮，成为通用人工智能时代的重要推手。通用人工智能将赋能百行千业，所有行业都有可能被通用人工智能重做一遍。

人工智能正在从降低成本、加快执行、降低复杂性、转变交互方式、推动创新、强化信任等方向为各个产业、企业创造全新价值。当下，生成式人工智能正在加速各行各业的工作效率提升，并实现"降本增效"。短期内人工智能将使得大量传统工作自动化，生成高价值、可信赖、可验证的内容，并与其他工具、流程形成有机结合。同时，人工智能将直接增强人类劳动能力。伴随着脑机接口、量子计算等新技术的发展，人工智能可以介入新药研发、高级模拟和创意自动化等更复杂的领域。

各国政府高度重视人工智能作为前沿科技、未来产业的引领作用。人工智能将是中美大国博弈的主战场之一，而人工智能安全、监管与治理等又将是中美等国合作的重要领域。

2024年3月13日，国务院总理李强调研国内知名人工智能初创企业时指出，人工智能是发展新质生产力的重要引擎。要抓住算力、数据、算法等关键突破，多路径布局前沿技术，努力实现弯道超车、换道超车。要大力开展"人工智能+"行动，统筹推进通用大模型和垂直大模型应用，引导更多行业领域开放应用场景，加强分类指导和典型示范，让人工智能更好地赋能千行百业。

因此，企业在核心技术、核心产品的研发上，务必考虑新技术所带来的根本影响与冲击：在通用人工智能时代，在下一个科技大爆发的新时代，企业研发应该如何实现前瞻性布局？如何利用最新的技术底座挖掘客户需求、改造核心产品、重构企业乃至产业全价值链，这将是每个经营者必须思考的战略性问题。

研发管理和产品开发处于企业内部价值链最上游，这里出现的问题将通过生产制造、销售、交付、售后服务等下游环节被放大 $N$ 倍，小问题都会被放大成大问题。更何况在研发管理或产品开发上存在重大的方向性错误，对企业必然是毁灭性灾难。

因此，擒贼先擒王，只有将研发管理和产品开发等价值链的上游源头管好，才可以最高效地提高产品质量，缩短生产或交付时间，降低经营成本，才能真正推出符合核心客户核心需求的核心产品，才能让经营管理更简单，才能创造最终的经营效益和竞争优势。

KEEP GROWING
SIMPLE

# 08

## 一切决策的金标准：四大核心抉择

人活着就是在对抗"熵增定律"，生命以负熵为生。

——薛定谔

保持企业和人生的"简单",
需要你和团队具有敏锐的
洞察力和强大的克制力。

KEEP GROWING SIMPLE

随着时间的推移，多数企业会变得越来越复杂，甚至是杂乱。这几乎是一个必然现象，即所谓"熵增"现象。[1]就像你家里的衣柜、储物柜、杂物柜，你花一整天时间进行了彻底打扫和整理，感觉已经非常整洁有序了，但是，仅仅一个月后，这些地方又都变得混乱不堪。

所以，人生、企业经营变得复杂甚至杂乱似乎是一种规律或常见结果。薛定谔曾说："人活着就是在对抗'熵增定律'，生命以负熵为生。"[2] 所以，保持企业和人生的"简单"，需要你和团队具有敏锐的洞察力和强大的克制力。

---

[1] 熵增定律是物理学定律，它表示在一个封闭的系统内，热能总是从高温区域流向低温区域，从有序走向混乱并逐渐消亡，并且这一个过程是不可逆转的。任正非是较早把"熵"概念引入企业管理并进行系统阐述的企业家。
[2] 埃尔温·薛定谔.生命是什么[M].梁震宇，译.成都：四川文艺出版社，2022.

因此，企业战略执行中的重大投资、研发管理、关键人才都应紧紧围绕核心客户、核心需求、核心产品、核心销售系统等开展。同理，企业经营系统中的其他子系统，诸如市场营销、供应链（生产）管理、人力资源管理、财务和法务子系统等方方面面都应坚决围绕四大核心抉择开展，这样才能确保企业经营系统力出一孔，形成合力。

## 市场营销

营销管理坚决符合四大核心抉择吗？即：

- 营销管理是坚决围绕企业核心客户的核心需求吗？

- 营销管理是坚决围绕企业核心产品吗？

- 营销管理是坚决围绕企业核心销售系统吗？

将核心客户放在营销活动的中心位置，而不是将自我意识放在中心位置，这样企业才可以更好地与核心客户建立紧密关系，在竞争激烈的市场中脱颖而出。营销管理务必围绕核心客户的核心需求展开，坚决避免"错配"，这是成功营销的前提。

随着智能手机在中国的普及，互联网、流媒体、短视频早已成为中国产品宣传的主阵地，但在非洲并非如此，即使在经济基础较好的肯尼亚，也还没有实现全面互联网化。人们信任的渠道排名依然是：广播、电视、报纸、路牌海报，最后才是互联网。

KEEP GROWING
SIMPLE
**高质量增长实践**

### "非洲之王"传音控股："土"也是一种创意

"非洲之王"传音控股（688036）意识到了户外广告牌、海报、路牌等广告对非洲当地群众的影响力，于是便将户外广告投放至非洲的各个角落。一位通信行业的记者曾这样描述在东非商品大市场卡里亚库看到的情景："我看到了铺天盖地的、从近到远、密密麻麻、让我永远不会忘记的TECNO（传音控股旗下品牌）。到处都是TECNO，每个店的海报上、每块公告牌上、每块玻璃上、每个门店里，都是TECNO的广告。"

作为另外一种低价高效的传播媒介，"刷墙"的户外广告方式也是传音控股在非洲的必用手段。从尼日利亚拉各斯机场（尼日利亚最大的机场）延伸到马可可贫民窟（尼日利亚贫民窟）外的电线杆上、从西非"华强北"IKEJA 电脑城到东非"中关村"肯尼亚卢图利大道，两侧的房子都被整齐划一地涂上了 TECNO 的蓝白色。

传音控股的这些广告策划和投放，看似非常土，与广告界欣赏的创意似乎完全沾不上边，但正是这些看着很土但极为实用的营销策略，使得传音控股在非洲市场占有率达到了惊人的 50%，处于绝对领导地位，2023 年归属于母公司所有者的净利润亦达到了 55.03 亿元。

**所以，只要市场营销方案符合核心客户核心需求，再土，也是对的！**

2018 年横空出世的钟薛高，曾经被誉为"雪糕中的爱马仕"，凭借其独特的瓦片设计、高端定位，迅速获得了中高端消费者的青睐，成为"网红"雪糕第一家，获得诸多资本的青睐。然而，2024 年 3 月起，钟薛高在线上和线下都几乎销声匿迹。回顾钟薛高的发展史，不乏营销管理和核心客户核心需求"错配"的现象。

冰柜投放是饮料和雪糕领域的营销利器，既是营销，也是销售。谁投放了更多的冰柜，谁就占领了更多市场先机，终端的每一台冰柜投放既提升了品牌曝光度，也是销售业绩增长的保障。

据报道，钟薛高一共向市场投放了超过 5 万台冰柜，其中大部分投向了三四线城市的"夫妻店"。参考和路雪铺设 6 万台冰柜花费超 3.6 亿元，钟薛高这笔投入也相当可观。但是在三四线城市"夫妻店"购物的消费者是钟薛高的核心客户吗？

按照钟薛高一直以来的品牌定位，其核心客户群体为北、上、杭、广、深等一线城市 20～29 岁的女性用户，这些消费者注重品牌形象、设计感以及社交价值，她们愿意为 10～30 元一支的雪糕买单，并将钟薛高视为一种身份和时尚的象征。

三四线城市在"夫妻店"购物的消费者则更加注重性价比，难以接受每支售价 10～30 元的高端雪糕。这导致钟薛高冰柜的实际投放效果与预期相差甚远，还严重影响了公司的现金流。这就是典型的营销错位。

由此，在制定营销计划时，首先必须问自己一个常识性问题："这个计划是围绕企业核心客户的核心需求吗？"在审批营销方案与预算时，偏离核心客户核心需求的任何方案与预算都不应被通过。但这一"常识"却时常被众多企业所忽略或违背。

接下来我要继续追问，营销管理是坚决围绕企业核心产品吗？营销管理是坚决围绕企业核心销售系统吗？

脱离了核心销售系统的营销推广即使轰动效应再大，如果没有销售系统的有效承接，也无法达成预期的销售业绩，徒增营销成本。各位读者一定碰到过这样的"错配"现象：公司广告"狂轰滥炸"的领域，并不是销售团队发力的方向，而销售系统发力的方向（行业或场景）却总是抱怨得不到空中力量的支持。

营销、销售，如果二者脱离，各干各的，或者出现了"错配"，那只会白白浪费宝贵的金钱与时间。

KEEP GROWING SIMPLE
**高质量增长实践**

### 王老吉，与火锅更配

对于消费品 2C 业务，零售终端往往是最好的宣传场景。王老吉在上市之初，最先铺的销售渠道就是火锅店。王老吉在这个场景站稳脚跟之后，才扩展到全餐饮渠道和商超零售渠道。为此，王老吉赞助了成都火锅节，在众人皆知的"怕上火，喝王老吉"的广告宣传片中也首推火锅场景，一家老小围坐在火锅边的画面温馨动人。

因此，营销投放，即广告片中的场景、活动营销、促销投放、终端展示等都应与核心销售系统中的零售终端选择保持匹配。王老吉在早期发展阶段，集中所有火力和资源面向火锅店市场进行攻坚，如果把有限的营销资源投放在高铁、机场等非餐饮领域或者餐饮领域的日料店场景中，就是"错配"或浪费营销资源。

对于 2B 的企业，针对大客户最有效的营销推广方式之一就是行业研讨会。在研讨会上，企业可以接触大量高质量的大客户，这是最好的营销触达场景。如何与大客户产生有效连接或获得销售线索？以终为始，销售系统应主动参与行业研讨会场景的营销活动。我们经常会看到这样的现象，当销售系统全力推进行业研讨会时，市场部门已将多数营销资源和预算投到了广告或海外展会上，或者当销售系统计划集中资源举办 A 行业的行业研讨会时，市场营销部门因为惯性或认知因素却将营销资源在 B、C、D 等多个行业"撒胡椒面"。营销系统与销售系统之间的种种"错配"现象屡见不鲜。

营销管理中如何运用极简思维？当今是一个信息大爆炸的时代，我们的生活、工作几乎已经被各式各样的广告包围。互联网、电视、手机、路牌、电梯、餐馆、酒店……据统计，一个人平均每天会在不同的时间、地点看到超过 600 条各种各样的广告，人们已经无法消化如此庞杂的广告信息。那人们会怎么做？当然是选择性忽略，与之无关、不感兴趣的广告统统被自动过滤。

在当今传播过度的时代，在如此嘈杂的传播环境中，提高有效性的唯一可能就是聚焦于目标细分市场持续营销传播，同时，营销的内容务必要简单、简单再简单，要直击人心！

当看电视的人越来越少、时间越来越短、主流消费群的注意力转向互联网和手机时，品牌商们也纷纷把广告经费投向了所谓的数字媒体。宝洁首席品牌官马克·普里查德（Marc Pritchard）透露了一个惊人的事实："宝洁通过数据发现，数字媒体广告的平均观看时间低至1.7秒，只有20%的广告观看时间超过2秒这一最低标准。"这说明什么？如果你的广告不能简单到在1.7秒内直击人心，那就是无用的浪费！所以，普里查德说："很显然，我们不要再浪费金钱来制作时长30秒的广告了，而是应该设计能在2秒内有效传递信息的广告。"宝洁公司因此削减了超过1亿美元的不必要的数字媒体支出。

## 供应链（生产）管理

供应链（生产）管理契合四大核心抉择吗？即：

- 供应链（生产）管理是坚决围绕企业核心客户的核心需求吗？
- 供应链（生产）管理是坚决围绕企业核心产品吗？
- 供应链（生产）管理是坚决围绕企业核心销售系统吗？

以客户为中心的时代需要以客户为中心的供应链支撑。市场环境和用户行为的快速变化带来诸多不确定性，以客户为中心的供应链对于企业和整个社会都日益重要。毕马威的研究表明，采用以客户为中心的供应链，通过关注客户体验，可以帮助企业提升 1% ～ 4% 的销售业绩、减少 5% ～ 10% 的运营费用以及降低 20% ～ 30% 的库存。

KEEP GROWING SIMPLE
**高质量增长实践**

### 思科供应链转型：以用户需求驱动的"拉动式"制造模式

全球最具权威的互联网研究与顾问咨询公司 Gartner 通过每年对《财富》世界 500 强和《福布斯》全球企业

2 000强名单中年收入超过120亿美元的企业进行调查，评选出供应链TOP25，推出全球供应链领袖并且会着重分析和展示他们的最优策略。"供应链TOP25"被认为是业内唯一跨行业评价供应链水平和成熟度的标尺。

2022年TOP25名单中，思科连续三年蝉联第一名。思科是全球最大的互联网设备供应商，以交换机、路由器尤其是高端的网络产品闻名于世，市值约2 124亿美元。思科之所以能够打造全球第一的高效率供应链体系，主要是因为制造模式的转变，思科将传统"推动式"制造模式转变为"拉动式"制造模式。

所谓推动式制造模式是指，制造商先把商品生产出来，存放在仓库里，等到客户下单后，就能立即交付。制造商大批量生产少数型号的商品，通过规模效应、集中采购原料、连续生产，将供应链成本降下来。这就是推动式生产模式，也被称为推动策略。

所谓拉动式制造模式是指，根据客户的实际需求触发后续一系列的采购、设计、生产等商业活动，有学者认为此时供应链应该改名为"需求链"或"价值链"。这种由客户需求驱动的制造模式就是拉动式生产模式，也被称为拉动策略。思科供应链从通过规模化采购、规模化生产以追求更低成本的传统供应链模式，向以客户需求为中心，追求客户满意度、更高效率、更具竞争力的供应链新模式成功转型。

如今，在供应链（生产）管理领域，以客户为中心的原则不断牵引着企业行动，以帮助企业达成更高的质量、更短的交期和更精准的服务，不少企业已实践定制化供应链，按不同的客户类型将供应链分成不同的管理模式，以便更好、更快速地满足客户需求。

跨境电商SHEIN等企业正在通过"小单快反""拼单集采"这类全新的供应链模式践行以客户需求为中心，并开创了新的商业模式，已在商业中获得了巨大的成功。

在疫情中迅速崛起的服装跨境电商SHEIN，成功超越快时尚鼻祖ZARA。SHEIN 2023年销售额超过300亿美元，净利润达到数十亿美元，估值一度高达800亿美元，从服装这个最传统的赛道杀出重围，成为仅次于字节跳动和SpaceX的超级独角兽。

供应链（生产）管理是坚决围绕企业核心产品吗？核心（爆款）产品的打造需要强有力的供应链支撑，供应链（生产）也要坚决围绕企业的核心产品展开，应全力避免或最大程度减少核心产品缺货的现象。苹果是消费科技领域打造爆品的领先企业，产品不论设计、功能还是质量都名列前茅。虽然苹果并没有设立工厂自己生产手机，但对供应链代工厂的要求极高，也极为严苛，同时赋能支持力度也相当大。

供应链（生产）管理领域如何运用极简思维？**通过简化供应链流程、精简供应链环节和优化资源配置，实施数字化、自动化、智能化，实现最小化的供应链结构和最高效的运作模式，打造极简供应链，是实现企业"降本增效"的重要组成部分。**例如，在竞争异常激烈的新能源电动车市场，各大厂商纷纷通过一体化压铸技术等简化生产流程，实现"降本增效"。

## 人力资源管理

人力资源管理坚决符合四大核心抉择吗？依据关键任务寻找关键人才是企业战略当中最核心的工作，在人力资源的日常运作中，选用育留、股权激励、晋升任免等人力资源的各个模块都应坚决把战略的四大核心抉择作为决策标准和日常工作指南。

人力资源管理是坚决围绕企业核心客户的核心需求吗？人力资源管理是坚决围绕企业核心产品吗？人力资源管理是坚决围绕企业核心销售系统吗？

力出一孔是把全部力量集中起来，聚焦在极小的点输出，以形成压强效应，以保障目标的实现。人力资源管理同样应采用压强原则，面向核心客户核心需求的团队应加大人力投入，形成人力资源的压倒性优势。反之，面向非核心客户核心需求的团队应减少人力投入，甚至是整体裁撤。当然，这并不代表团队成员做错了什么。

当年，安迪·格鲁夫和戈登·摩尔（Gordon Moore）带领英特尔彻底放弃曾经创造了无数辉煌的存储器业务，转向研发投资巨大，但利润和未来市场更大的 CPU 业务。为此，英特尔裁掉了 7 200 个职位，几乎是当时公司总人数的 1/3，而且绝大多数是表现很好的员工。一位董事会成员在投票的时候说："这是我担任董事会成员之后做过的最令人悲伤的决定。"但也因为这次痛苦但理性的转型，英特尔在之后迎来了它持续几十年的辉煌局面。

人力资源管理是坚决围绕企业核心产品吗？人力资源管理应该坚决围绕打造核心产品进行，例如，对研发人员的奖励应与核心产品的销售绩效结合，对绩效突出的核心产品研发人员应予以重奖，而非单纯以研究成果或技术领先性作为奖励标准。

KEEP GROWING
SIMPLE
**高质量增长实践**

### 三一的增量毛利提奖制度：
### 激励创新，共享成功

2017 年，三一集团开始运行增量毛利提奖制度，以某个研发项目当年的增量毛利为基础，对参与该项目实质性工作的员工进行一定比例的提奖奖励，让他们与研发人员共享增量毛利，共享成功。随着业务增长，增量毛利提奖总额连年攀升。2020 年发放的三一增量毛利提奖总额突破 1.6 亿元，覆盖了泵送、重机、重起、重装等各大事业部的近 20 个研究院和数十个项目。具有排量大、压力高、性能可靠、安全智能、高性价比等优点的 60 米 C10 泵车是公司的核心产品，上市后也一路畅销。60 米 C10 泵车的项目经理透露，该项目在 2020 年共发放了超过 2 000 万元的增量毛利提奖，其本人获得了 300 多万元的最高个人奖励。

人力资源管理是坚决围绕企业核心销售系统吗？人力资源管理同样也要坚决围绕企业核心销售系统进行，因为不同的销售系统对销售人员的能力模型和素质要求不尽相同，管理方式不同，奖励机制和 OKR 体系也会不同。

如果选择大客户销售系统，销售人才应从拥有类似华为、SAP等这类大客户直销背景的人才中筛选；如果选择面向中小企业客户的销售系统，类似阿里B2B、美团这样的地推团队背景可能更适合；如果选择面向零售终端的渠道销售系统，可能来自联合利华、可口可乐等快消品公司的区域销售代表更为合适。

如果销售人员的能力素质模型选错了，那么即使他来自知名企业、职位很高、能力很强，由于从事的是他并不擅长的领域，他也未必能发挥你所预期的巨大作用。这时，人力资源招聘策略与企业销售系统人才素质模型之间可能又"错配"了。

人力资源管理领域如何运用极简思维？**选人比育人更关键，这是人才管理中最易被忽视但最为核心的环节**。选人是人才管理中最核心的环节。因为一旦选错人，对企业而言，不仅前期投入的所有精力和资源付之东流，最为致命的是可能会错过战略机遇窗口期，这种战略性损失远远大于这个人的薪酬费用。

杰克·韦尔奇常说："没有合适的人，再好的战略也无法落地执行。"在企业人力资源的"选用育留"各个环节中，选对人，才是提高人力资源效率、提升人力投资回报的最佳路径。企业往往通过用人部门或人事填写的岗位需求书进行人员招募，但现实中很多企业的岗位需求书是将知名企业的岗位需求书拿过来直接复制的。照搬是非常危险的做法，因为每家企业的战略规划和核心选择都不同，重要岗位的职位需求差异极大。

因此，不论岗位需求是如何确定的，不论是研发人员、营销人员还是生产人员，都有一个基本原则或决策边界需要坚守，即招募人才时必须坚决符合战略的四大核心抉择。

你所要找的销售人才是否符合对应的核心销售系统所需要的能力素质模型？你所要找的研发精英是不是能够打磨出公司核心产品的缺失人才？如果偏离了企业的四大核心抉择，即使你罗列了非常详尽的岗位需求，即使是照搬世界 500 强的岗位需求，最终也只能是南辕北辙式"错配"。

找到适配战略抉择的优秀人才，是企业人力资源管理的首要工作，也是启动培养和重用人才的前提。在人力资源领域，**企业家或创业者应将 80% 的精力放在寻找和甄别人才上，而甄别标准就是前述战略规划中的四大核心抉择。**

在选用育留、激励等人力资源管理中，应如何盘点、评判或奖励人才呢？相应的决策标准亦是前述四大核心抉择。符合这四大核心抉择的员工，应得到重用、奖励，即使他不是从名校毕业、只是职场新人，学历并不亮眼；而不符合这四大核心抉择的员工，或许只能调整或淘汰，即使他资历再深、再努力、再能干，也只能"忍痛割爱"了。

因此，招募和重用适配四大核心抉择的员工，是企业战略成功实现的关键；而招募或重用不适配这四大核心抉择的员工，往往是企业的最大浪费。

在建立了这种人力资源评价体系和标准之后，企业管理就会更为简单高效，会建立"对事不对人"的企业文化，凡是有利于四大核心抉择的人和事就多多鼓励，凡是不利于四大核心抉择的人和事就相应地进行调整或淘汰。

## 以四大核心抉择为一切决策的标准

除了前文谈到的重大投资、研发管理、关键人才、市场营销、供应链（生产）管理、人力资源管理，企业每时每刻都会面临大大小小、纷繁复杂的各类战略或战术层面的决策，无论是围绕人还是围绕事，企业家、创业者、各级管理者对此都深感决策压力大，那么，企业经营决策的标准到底是什么呢？

企业经营是打桩子的过程，一个一个桩子打下去，就形成了企业各级管理者决策的标准，而不是每个人想怎么干就怎么干，或者换一个管理者就做出完全不一样的决策。

企业的一切决策完全围绕四大核心抉择吗？这是企业决策中最重要、最核心的4个"桩子"。企业一切决策是坚决围绕企业核心客户的核心需求吗？企业一切决策是坚决围绕企业核心产品吗？企业一切决策是坚决围绕企业核心销售系统吗？

接下来，在四大核心抉择之后，企业的重大投资、关键人才、研发管理、市场营销、供应链（生产）管理、人力资源管理等重要决策该如何进行呢？这是企业经营的又一批桩子。

前难后易，只要这4个"桩子"打得坚实，随之得出后续选择与结论时会越来越简易。同理，在这些"桩子"基础上，企业的方方面面、各个层级的决策挑战也都将迎刃而解。

企业要实现力出一孔、利出一孔，就得要求每个管理者、每名员工、每一天、每时每刻，每个决策或行为都回到原点，回到企业战略的核心抉择上。你要反复问：这四大核心抉择清晰吗？一致吗？正确吗？与时俱进了吗？

我将之戏称为"盛景天问",以期各位企业家、创业者、管理者更为重视这些核心问题。如果本书所谈及的极简增长灵魂追问能成为企业的"天天问"、"人人问",那我相信这对企业发展必将大有裨益。

企业经营系统就是围绕这些核心抉择形成的有机协调的完整系统。企业经营是一个整体系统,由各种不同的子系统组成,如生产子系统、市场营销子系统、财务子系统等,这些子系统之间相互关联,各个部分相互作用、相互影响,以共同实现企业的目标和使命。企业经营系统的建设同样应追求简单高效,以提高效率、降低成本,更好地适应市场变化和客户需求。让一切决策的标准紧紧围绕四大核心抉择建立,企业就可以建立高效健康的"极简经营系统"。

KEEP GROWING
SIMPLE
**高质量增长实践**

### 美的集团:重量级规模,轻量级管理

美的集团(000333)作为 56 年的民营企业,推崇以轻量级管理撬动重量级规模、实现跨越式增长。美的集团 2023 年业绩报告显示,收入 3 720 亿元、利润 337 亿元,如今美的已经成长为市值 5 818 亿元的大型

集团企业。

美的集团创始人何享健多年来秉持开会"三板斧","看数据、说问题、谈改善",不听解释,下面人也无须解释。现任董事长方洪波不仅延续了这种会议风格,更是在美的集团全力强调管理要简单。

"每当我似乎感受到世界的深刻意义时,正是它的简单令我震惊!"法国作家加缪的名言经常被方洪波用来告诫高管们,管理和做事都要简单、直接、高效。

美的集团拥有了现在的规模和体量却仍在追求简单,因为只有追求简单才能聚焦,才能力出一孔,才能实现可持续增长。这种以简驭繁、追求结果的管理方式值得广大企业家、创业者思考和学习。

被称为可持续发展的先知、知名的经济学者 E. F. 舒马赫（E. F. Schumacher）曾说道:"聪明的傻瓜们会让事物越来越大,也越来越复杂。若要向相反的方向努力,则需要一些天分和很大的勇气。"在外部世界极为复杂和不确定的新时代,追求简单高效是经营管理的基本原则。围绕核心客户、核心需求、核心产品、核心销售系统的四大核心抉择,就是企业经营管理中一切决策的标准与指南,也是企业发展的"定海神针"。

# KEEP GROWING SIMPLE

## 09
## 围绕"关键任务"寻找"关键人才"

要让企业能赢,没有比找到合适的人更紧要的事情了。

——杰克·韦尔奇,通用电器首席执行官

"对的事"找到"对的人"，
两者产生化学反应，
将迸发出超预期的巨大能量，
最终取得令人瞩目的成就。

KEEP GROWING SIMPLE

在确立了核心客户、核心需求、核心产品、核心销售系统之后，企业必须围绕四大核心抉择构建企业的组织建设、企业文化、人力资源体系等，其中的重中之重就是围绕关键任务寻找和激励关键人才。

"关键任务"是指对企业未来几年或今年达成总体目标非常重要、具有挑战性的大事，即用常规方法不易达成，必须采用突破性、创造性方法、压强性投入才有可能破局或达成的大事。

"关键任务"是产品研发，是技术突破，是供应链管理，是销售规模化，是全球化，是引领尝试性小规模业务，还是引领关乎企业生死存亡的创新业务？

确定"关键任务"是一个把书从厚再读薄的过程，需要企业家、创业者充分把握事物的本质与关键，具有深刻的洞察力，从前文讨论的四大灵魂追问、四大关键问题、一系列增长战略落地决策中遴选出来。通俗来说，关键任务是企业实现增长战略过程中的关键重点或难点。

"对的事"找到"对的人"，两者产生化学反应，将迸发出超预期的巨大能量，最终取得令人瞩目的成就。

毛泽东指出，政治路线确定之后，干部就是决定因素。[1]

**战略执行的首要问题在于"谁来做"**。尤其在面临业务破局时，"战术千百条，肯打第一条"。面对内外部环境的剧烈变化，企业必须对战略的关键任务进行突破性攻坚，必须找到敢于突破的关键人才，所谓"千军易得、一将难求"。

## 企业的"关键人才"是谁

中国大量行业正在进入转型升级期，大量的企业正在面临战略变革。虽然绝大部分企业家强调自己最重要的资源是人

---

[1] 毛泽东.毛泽东选集：第2卷［M］.北京：人民出版社，1991：526.

才，但他们并未真正将人才资源放在足够重要的战略位置。企业家们对人才这一战略性资源的重视程度仍远落后于自然资源、资金、政府关系等，人才还属于落后级事项。

与此同时，当企业家真正开始重视人才时，我们需要深问一层：企业的关键人才是谁？因为今天的人才越来越难求，衡量和管理人才的难度也越来越大，企业的薪酬资源是有限的，一旦用错了领军者，可能会满盘皆输。因此，企业家和创业者不仅需要关注人才，更需要着力关注关键人才。

企业重视人才，花费巨大的财力和精力引进了一大批人才，但因缺乏突破企业关键任务的关键人才，而往往无法达到预期效果。这是企业经营中的常见现象。

那么，怎么衡量谁是关键人才呢？这就要首先确定企业近期的关键任务到底是什么？

企业战略规划每年应该选定1～3件最重要的事，这1～3件最重要的事就是关键任务，在确定了关键任务之后，再有针对性地寻找关键人才，只有这样，企业才能做到有的放矢和事半功倍。

过去，中国企业确认了战略规划后更多的是思考和探讨做什么、怎么做。在战略平稳发展期，这样的策略或许是有效的，但是当面临战略重大调整或者转型升级时，按传统方式墨守成规地执行注定难以破局，此时企业需要对挑战性目标有强烈的信念，敢于创新突破，寻找"极客"般的关键人才。至于做什么、怎么做，则需要关键人才在坚韧不拔的战略定力下进行持续探索和突破。

KEEP GROWING SIMPLE
**高质量增长实践**

### 梁孟松，中芯国际的技术与工艺突破

芯片产业的三大关键是人才、资金、技能。中国具有充足的资金，缺乏的是人才和技能。梁孟松的到来，在一定程度上为中国芯片产业补足了人才和技能的缺口。

梁孟松当年是台积电"研发六骑士"之一，为台积电的发展做出了重要贡献，但因与台积电管理层的矛盾而负气出走韩国三星。被抢了生意的台积电，以专利侵权为由将梁孟松告上了法庭。最后台积电胜诉，梁孟松只好离开了三星。

当时的中芯国际董事长周子学，对梁孟松三顾茅庐，希望他在竞业禁止期限结束后加入中芯国际。2017 年

10月，中芯国际宣布梁孟松出任中芯国际联合首席执行官兼执行董事。

梁孟松入职后，做了一个和当年在三星时一样超越常规的决策——跳过中间代次直接攻克14纳米。2019年6月，中芯国际14纳米制程正式实现量产。

之后，梁孟松没有停歇，继续带领团队一路攻克10纳米及以下制程。在这一时期，美国已经开始对我国半导体技术进行技术封锁，在没有EUV光刻机的条件下，梁孟松团队最终开发出N+1、N+2工艺，实现了用DUV设备就能成功制造高端芯片。

根据中芯国际公开资料，中芯国际的N+1工艺和现有的14纳米工艺相比，性能提升了20%，功耗降低了57%，逻辑面积缩小了63%，SoC（System on Chip，片上系统）面积减少了55%。梁孟松称N+1代工艺在功耗及稳定性上跟国际高端芯片工艺非常相似，性能稍微不足，主要面向低功耗设备，但成本低。

梁孟松个性彰显，现任中芯国际联合首席执行官，对人对事要求极为严苛，并不是世俗视角里让人喜欢的好人风格。但正是这样一个颇具争议的技术大拿，却是中芯国际突围发展的"关键人才"，为中芯国际的技术与工艺带来巨大的突破，甚至对我国突破美国半导体技术封锁贡献卓著。

## 张学礼，与华恒生物相互成就

华恒生物（688639）作为合成生物领域的上市公司、国家级"专精特新小巨人"企业，将中国以生物制造方式实现小品种氨基酸产品规模化生产的能力推升至全球领先水平，实现了全球首次厌氧发酵法规模化生产 L-丙氨酸。其 L-丙氨酸产品在 2019 年被认定为制造业单项冠军产品，截至 2022 年底，华恒生物的 L-丙氨酸全球市场占有率已经超过 60%。

华恒生物 2021 年 4 月登陆科创板，2023 年总营收 19.39 亿元，净利润 4.49 亿元。

华恒生物从一个传统制造型企业转型成为科创板"合成生物"明星企业，与首席科学家张学礼博士的贡献密不可分。华恒生物于 2010 年与中国科学院天工研究所达成战略合作，同时对从美国归来担任天工研究所研究员的张学礼抛出了橄榄枝。从专业机构中找到关键人才，通过股权绑定、深度研发合作的方式与张学礼形成了稳定而持续的合作关系。伴随着华恒生物登陆科创板，张学礼也成了"亿元教授"。

华恒生物吸引人才的方式真诚而有效——大比例股权、事业成就感。公司招股书披露，2010 年郭恒华个人按照 1 000 万元估值向张学礼转让 8% 的股权，使张学礼成为公司除实控人之外的第三大自然人股东。2016年起，张学礼开始担任公司的首席科学家。华恒生物核心技术之一的发酵法 L- 丙氨酸专利就来自张学礼。华恒生物成功地实现了 L- 丙氨酸的低成本量产，并攻克全球大客户巴斯夫化工，与其建立了合作关系。华恒生物和巴斯夫化工之间的双向奔赴和相互成就将关键人才的价值最大化。

上市后，华恒生物围绕张学礼的其他研发成果投资成立了多家参股孵化公司，旨在持续孵化下一个丙氨酸产品，张学礼及其研发团队在多家公司持有股份。华恒生物出钱、出资源支持和孵化新产品和新公司，为核心技术人才提供了更加广阔的发展空间。

企业创新的重要发力点是科技创新，而科技创新的背后是科学家型关键人才的有效引进与长期激励。华恒生物创始人充分发挥了产业化、资本化的优势，与科学家形成了优势互补，共同促成了华恒生物的健康发展。

### 张小龙，腾讯的第二曲线创新

三顾茅庐如果还不够，那就干脆买下这家公司，把整个茅庐都给你搬过来。

如何推动腾讯新一轮的战略跃迁？作为腾讯曾经的第一产品经理，马化腾看中了产品"极客"张小龙，直接并购了他的创业公司Foxmail。张小龙打造的拥有13亿+用户的超级国民应用,让腾讯实现了从个人计算机时代的QQ向移动互联网时代的"微信"的跃迁,成功实现第二曲线创新。这是腾讯历史上最成功的并购,没有之一。

人才并购越来越成为打赢关键人才争夺战的战法之一,这在美国硅谷尤为盛行。在中国企业未来人才战略中,这也将成为越来越重要的趋势。成功企业的背后往往有一个寻找和重用关键人才的故事,乔布斯寻找供应链大师库克与其搭档(库克随后接任苹果首席执行官一职),美团王兴"六顾茅庐"邀请干嘉伟掌管销售运营体系,任正非任命"狂人"余承东担负华为从2B向2C转型的重任,相信这些案例各位读者都有所了解。

前文所讲述的多个关键人才的典型案例,既有科学家、技术大拿,也有超级产品经理、销售运营高管,还有供应链大师、新业务领军人物,各个企业结合自身关键任务寻找关键人才的实践值得各位企业家、创业者学习。

符合关键任务的关键人才,从静态来看,往往成本高、找寻难度大,但我们最终会发现关键人才往往能创造巨大的价值,关键人才的投入大概率是非常值得的投入。因此,即使再难邀请,都值得"N顾茅庐"。但不符合关键任务的人才,即使是人才，可能也难以实现你的美好愿望。既然企业资源有限，企业家和创业者需慎之又慎，应集中资源和精力围绕关键任务寻找和激励关键人才，对中小企业来说更应如此。

各家企业的人力资源部门对关键人才的定义和理解可能会有所不同。有些企业认为20%的人员属于关键人才，这个定义相对宽泛，其实这20%的人员更应被定义为"骨干人员"。

也有管理学家认为2%的人员属于关键人才，进一步收窄范围。但我在书中所说的关键人才更侧重于从战略视角出发。如前所述，**企业战略规划每年应该选定1～3件最重要的事（即关键任务），企业应该围绕这1～3件最重要的事确定1～3个最重要的人才，即关键人才。**

当然，每个企业的规模不同，每位管理者在企业中所处的层级也不相同。对于规模较大的企业，其下属子公司/事业部/区域公司可结合总公司级或集团级最重要的1～3件事确定所在子公司/事业部/区域公司最重要的1～3件事，进而在这1～3件最重要的事的指引下确定所在部门的1～3个关键人才。

正如通用电器首席执行官杰克·韦尔奇所说："要让企业能赢，没有比找到合适的人更紧要的事情了。"

## 如何激励"关键人才"

那么,如何吸引和激励关键人才呢?

首先,愿景激励是吸引关键人才的最大力量。关键人才并不会为某位老板或年薪而努力奋斗,他只会为伟大的愿景、激动人心的未来而全力以赴。

在硅谷,谷歌创始人拉里·佩奇被问及谁是谷歌最大的竞争对手时说,是美国国家航空航天局(NASA)。"谁跟我抢人,谁就是我的竞争对手。如果 Facebook 或苹果公司来抢我的工程师,我们可以通过开更高工资、给更多期权股权来解决。可我的工程师去 NASA,一年仅 7 万美元薪资,虽然只有我这里的 1/5,但我仍抢不过。虽然谷歌描绘了一个很大的梦想,但美国宇航局的梦想更大,是整个宇宙,而且做的事情更好玩,所以它还是把我们最优秀的工程师给吸引走了。"

KEEP GROWING SIMPLE
**高质量增长实践**

### 马斯克,比 NASA 更宏大的航天愿景

然而,马斯克认为 NASA 已经步入迟暮之年、缺乏

进取心，他向世人展示了一个比 NASA 更宏大的航天愿景并坚定不移地践行。马斯克曾经说过："为什么一定要移民其他星球？人们之前问我有没有见过 UFO 或外星人之类的，我说并没有见过。但我觉得本应该是能见到的。因此，这可能说明，我们可能是这个星系里唯一具有意识的生物。人类的生命之光，就像无尽黑暗里的一点烛光。我们应该尽我们所能来防止这支小蜡烛熄灭。

"我觉得除了保护我们的文明之光，另一个原因是，我觉得这也非常令人鼓舞。人们的生命不应仅仅只是不断解决一个又一个问题，我们需要能激励我们的东西，我们需要可以震撼我们内心的东西！为此，在早晨醒来时，为活着而兴奋。成为一个多行星文明，将那些科幻电影里的场景变成现实，我认为这是可以激励全人类的事。"

马斯克的使命、梦想与愿景激励着 SpaceX 的每一个人。

其次，股权激励已经成为吸引关键人才的标配。光有愿景激励还不够，SpaceX 的股权激励也极具吸引力。SpaceX 的估值已经达到 1 800 亿美元，相信未来它将成为一家市值万亿的高科技企业，这必将为追随马斯克创业的天才们创造惊人的财富回报。马斯克曾表示："我们对所有员工的薪酬理念反映了我们的创业理念，强调以股权为基础的工作奖励。"

《2023年新政策下拟上市公司股权激励研究报告》显示："截至2023年9月30日，2023年A股（沪深北）首发上市的264家公司中，超过73%的公司设立了员工持股平台，超过60%的科技型初创企业在A轮融资前便实施了首次股权激励，并在上市前后分批实施。"

在"抢人大战"中，企业不仅要推出股权激励方案来激励吸引人才，更要让团队持有较大的股权比例，该股权也需要在资本市场形成具有吸引力的估值。总之，股权激励需要具备极大的吸引力才能成功吸引关键人才。

最后，企业文化与环境也是吸引关键人才的重要支撑。更友好的企业环境，无论是简单透明、包容失败，还是温暖激励，都是激励"自我实现的成就体系"。

企业对关键人才最大的激励和鼓舞之一就是对所谓失败的包容。余承东在带领手机业务从低端向高端转变的过程中遭遇了销量大幅度下滑的情况，华为内部元老发起了"倒余运动"，任正非对失败的包容以及对余承东的力挺，让手机业务在一次次的失利与调整中，最终赢得整个战局。

又比如SpaceX，拥有简单、透明、高效的工作氛围和机制，员工在自己的办公桌前就可以看到工厂车间的画面，这激励着每一名员工投身于无止境的探索。所有员工都可以聚集在任务控制中心外观看发射，亲眼见证自己付出心血制造的火箭升空。而火箭或星舰爆炸时，所有人竟然一起庆祝，这种创新氛围无疑对人才极具吸引力，他们像玩似的改变了这个世界。

## "人多力量大"让位于"关键人才"策略

用户越多越好，公司的员工则越少越好；在人工智能时代，越来越多的工作将由数字人、机器人完成。"人多力量大"正在让位于关键人才策略。

2023年，人工智能时代呼啸而来，人工智能创业的极简团队正在加速涌现。前文讲到Midjourney仅11名全职员工，年收入却已超1亿美元。OpenAI首席执行官萨姆·奥尔特曼（Sam Altman）[1]甚至预测未来将会出现"1个人的独角兽公司"，顶级人才在人工智能加持之下，一人就可抵千军万马。1人、2人、3人的独角兽公司将会出现，这是人工智能时代对关键人才的解读与注脚。

---

[1] OpenAI如何从一无所有到AI之王，想了解OpenAI与ChatGPT发展历程中鲜为人知的内幕，可以阅读《奥尔特曼传》。该书是萨姆·奥尔特曼的全新采访传记，由湛庐策划、中国财政经济出版社出版。——编者注

与精益创业公司一样，人工智能时代诞生的初创企业大多会从小规模起步，它们将借助开源和云计算快速起步并进行迭代。得益于人工智能技术，它们会在更长时间内保持较小规模，其中最成功的初创企业将仅靠少数员工即可实现惊人的规模。例如，Instagram 只有 13 名员工，最后被 Facebook 以 10 亿美元收购；WhatsApp 也被 Facebook 收购，收购金额达 160 亿美元；WhatsApp 当时只有 35 名工程师，运营着 4.5 亿用户。这样的创业故事将变得更为普遍。未来我们也许会看到员工人数少于 100 人的公司也能上市，而这种新型组织可以快速尝试各种新的想法。

无论你是否认为 1 人或 3 人独角兽公司是个案，寻找并重用关键人才，为他创造尽可能优良的工作环境和激励体系，将关键人才的价值最大化，相信这将是每一家企业都应该坚信的全新逻辑。

极简增长，不仅是"事"的聚焦，同时也是"人"的聚焦。更小、更敏捷的极简组织，不仅是科技创业团队发展的必然趋势，也是大量耕耘产业多年的隐形冠军企业的发展趋势。许多隐形冠军企业的创新能力非常强，但其中某些隐形冠军企业的研发部门只有一名研发人员和一个助理。隐形冠军企业的创新能力取决于员工的能力而不是人数的多少、预算的多少。

一个人或少数几个人如何把一家企业打造成全世界的技术领导者呢？这个问题的答案一方面在于研发的专注和深度，另一方面在于研发的持久性。大型企业的实验室工作常常只是个人事业攀升的一个中间阶段。在隐形冠军企业中，我们常常能找到倾其一生致力于产品持续改善和再发展的专家，即关键人才。今天，企业战略的重心是挖掘、重用、激励关键人才，人工智能时代会将此策略的必要性、重要性几何级地放大，人多力量大正在让位于关键人才策略。

微软拥有超过 21.55 万名员工（截至 2023 年 9 月 30 日），但为了获得人工智能领域的优秀人才和先发优势，微软毅然向 OpenAI 投资 130 亿美元，而正在成为全球人工智能基础设施的 OpenAI，员工数量不到 800 人。

OpenAI 的竞争对手 Anthropic 由 OpenAI 前研究副总裁达里奥·阿莫迪（Dario Amodei）等人共同创立，在同样精干的团队加持下，Anthropic 也已获得众多科技巨头的巨额投资。其中，亚马逊对其投资高达 40 亿美元，这也是亚马逊对外最大的一笔投资。

所以，今天的企业不仅要重视人才，更要结合企业战略的核心抉择匹配相应的人才结构，尤其在关键人才方向上必须实现突破。如果没有关键人才领军,企业的战略执行往往会不了了之,所谓的人才投入可能都只能成为成本。只有在关键人才的领军之下,人才才能有用武之地,才能将战略成功落地,才能最终创造价值。

# KEEP GROWING SIMPLE

第四部分

## 第一性原理、创新与极简增长

# KEEP GROWING SIMPLE

## 10

## 抉择的原点：第一性原理

> 花一秒钟就看透事物本质的人，和花一辈子都看不清的人，注定是截然不同的命运。
>
> ——电影《教父》

把核心客户的核心需求
作为战略规划的原点与内核，
是最符合第一性原理的
企业增长方法论。

KEEP GROWING SIMPLE

美国诗人罗伯特·弗罗斯特（Robert Frost）曾写道："黄色的树林里分出两条路，可惜我不能同时去涉足，我在那路口久久伫立。我向着一条路极目望去，直到它消失在丛林深处。"

旅人可以在路口徘徊，成就文人墨客的传世佳作，但企业却不宜在战略抉择的十字路口过度耽搁、分散资源，以免贻误战机。

然而，企业在多个战略抉择面前陷入两难境地的情况并不鲜见。当企业面临战略难以抉择的困局时，当企业的股东或高管之间因为战略抉择出现分歧无法达成共识时，第一性原理有望助力局中人拨开迷雾看清本质，从原点出发达成共识的抉择。

## 什么是"第一性原理"

古希腊哲学家亚里士多德是历史上第一个提出第一性原理的人,他认为,第一性原理相当于数学中的公理,是一个最基本的命题或假设,不能省略或删除,也不能违反。

电影《教父》中那句经典台词想必各位读者也很熟悉:"花一秒钟就看透事物本质的人,和花一辈子都看不清的人,注定是截然不同的命运。"

**第一性原理,通俗的解释就是"寻找并回到事物的本质"**。最推崇第一性原理的成功企业家当属特斯拉和SpaceX的创始人马斯克。马斯克认为,人的思维过程受困于惯例的约束,因此经常会说:"我们就得这样做,因为一直如此,或者从来没有人这样做过,所以不能这么做。"但这种思维方式很荒谬,只能产生轻微的创新迭代,因此人必须立足于第一性原理,用物理学的角度看待世界,也就是说要一层层剥开事物的表象,看到本质,然后再从本质一层层往外走。

马斯克想把人类送到火星,让人类变成多星球物种,这就要求火箭必须足够便宜,但是现实中火箭却贵得离谱。《埃隆·马斯克传》(*Elon Musk*)中生动讲述了马斯克远赴俄罗斯购买二手火箭的故事。在因俄罗斯人离谱的出价感到气愤时，他开始运用第一性原理进行思考，深入基础的物理学情境，一步步在头脑中构建火箭发射的模型。他因此创造出一个概念——白痴指数，用来计算某个制成品的价格比其基本材料的成本高多少倍。于是他问自己：一枚火箭并没有什么神奇的零部件，它是由什么制成的？答案是：航天级铝合金、钛、铜、碳纤维等。那么，这些原材料的市场价满打满算要花多少钱？答案是：火箭的材料成本仅仅约为成品价格的2%。

基于此，马斯克自学了火箭工程学并创办了SpaceX，从第一性原理出发，他运用各种革命性的方法降低火箭发射成本。首先，重要的零部件生产不外包，80%以上的零件自己造，其余零部件则灵活采购，与可量产的大市场对接，如将高级赛车的安全带用于载人舱、用ATM机的计算机做火箭计算机，甚至时常从eBay、废品站买零件。其次，将占整体火箭70%成本的一级火箭回收再利用。另外，开放招聘，不止招聘航天业内人士，也去科技公司、智能手机厂商招募能够不断学习迭代的高端人才。最后，简化制造流程，抛弃三级火箭、每级发动机各不相同的传统构造，将"猎鹰9号"火箭设计为仅两级，且两级10个发动机一模一样，以便量产、降低成本、增加可靠性。

马斯克对"猎鹰9号"的复用已经到了抠门的程度。不但火箭一级要回收再利用十几次，每次发射完，连整流罩都要捡回来再利用，甚至二手火箭再次发射的时候，连油漆都不再重新涂装了，就那么黑乎乎的，既省了油漆的钱，又节省了重量，增加了载荷，可谓一举多得。

每当工程师把某项要求作为做某事的理由时，马斯克就会质问他们：谁提出的这个要求？即使工程师回答军方要求或法律要求，也不能让他同意。马斯克时时刻刻反复叮嘱大家，所有要求都应该被当成建议，不可变更的金科玉律只有那些物理学定律约束下的条件。第一性原理要求我们从事物的本质出发，不被过往的经验所束缚，避免将产品与周边的同类事物过度类比，透过重重的迷雾，看到事物的本质。

2023年，SpaceX火箭发射次数达到96次，占据全球火箭发射次数的45%，火箭最高重复使用次数已达19次；卫星发射数量2 514颗，占全球卫星发射数量的87%。这一年，SpaceX的发射和"星链"业务收入已接近90亿美元。

当年，马斯克是全球航天领域的"笑话"，今天，SpaceX是全球商业航天领域的标杆性企业，这源自第一性原理。马斯克早年为何被人笑话？因为所作、所为、所言与传统航天业的惯常做法相差过大，马斯克完全是"离经叛道"的坏小子。但也正是因为SpaceX不走寻常路，它才能在高手如林的航天领域实现后来者居上。

一直以来，马斯克坚持通过第一性原理实现人类迄今为止最伟大的星际探索梦想。近来，马斯克更是宣布或许在8年内人类将登陆火星。与很多人的认知不同，马斯克不仅智商高，情商也非常高，越来越多的马斯克对话视频和某些平台上的言论都可以证明这一点。只是他的思维方式是深入骨髓的第一性原理，是无可救药式的紧抓本质，所以，时常显得不近人情，甚至是冷酷。

与马斯克一样，众多硅谷高科技企业创业者、投资人都对第一性原理颇为推崇。奈飞创始人里德·哈斯廷斯（Reed Hastings）称，奈飞招聘的员工都是深谙第一性原理的思想家，他对员工的唯一要求只有"做你认为对公司最美好的事情"。在奈飞，创造价值而非服从领导指令是员工工作的本质。

马斯克当年的伙伴、如今最大的竞争对手之一——OpenAI首席执行官奥尔特曼在ChatGPT大获成功后也曾总结说："企业家精神很难由学校培养，只有从第一性原理出发思考，新的绝妙想法才会迸发，下一步就是在现实世界中简单地迅速试错。"

鲁迅在《狂人日记》中说："从来如此，便对么？"但凡能用上这句话的场合，或许都适合应用第一性原理。

## 如何实践"第一性原理"

马斯克自己也承认，运用第一性原理进行思考要消耗大量的脑力，在现实世界中实践第一性原理并不容易。极简增长的内在本质就是引导和倒逼创业者以第一性原理的视角进行战略规划并执行，基于创业者或高管团队视角的起心动念并不是企业价值的内核，核心客户的核心需求才是企业存在的根本原因，才是创新创业的本源。因此，**把核心客户的核心需求作为战略规划的原点与内核，是最符合第一性原理的企业增长方法论，亦是最符合第一性原理的战略管理方法**。

2004年，苹果iPod已经成为全美最受欢迎的数码音乐播放器。iPod之父乔恩·鲁宾斯坦（Jon Rubinstein）和托尼·法德尔（Tony Fadell）正在努力制造一款体积更小、价格更低的iPod，并试图通过把屏幕做得更小等方法展开尝试。此时，乔布斯提出了一个疯狂的建议："干脆把屏幕去掉吧。"乔布斯注意到，iPod有一个非常受欢迎的随机播放功能，因为人们喜欢遇到惊喜，并且懒于对播放列表进行设置和改动。法德尔担心去掉了屏幕，用户不知道如何找歌。

乔布斯重构了基石假设：他们根本不需要找歌。毕竟所有歌曲都是用户自己挑选的，歌曲可以随机播放，他们只需要在不想听的歌曲播放时，直接按下一首跳过去。于是，根本没有屏幕的 iPod Shuffle 在 2005 年 1 月横空出世，这是当年一个革命性的创新产品，也是第一个让我着迷的电子产品。

乔布斯还彻底去掉了绝大部分苹果产品的开关键，用户一段时间不操作后，苹果产品就会自动进入休眠模式，用户触碰任何按键时设备又会自动醒来，根本不需要实体按键控制开关。由此可见，核心客户的核心需求是享受音乐，不是找歌；是按自己的节奏使用产品且能长时间续航，不是用开关键控制设备开关；是完成人机交互，不是用实体键盘输入指令。

第一性原理要求我们直接从核心客户的核心需求出发，直击本质，而非表象。我们要遵从用户的人性与本能，而非业界多年来所谓的习惯与惯例。

从第一性原理出发，洞察到核心客户的核心需求之后，遵从第一性原理构建核心产品，则需要推翻此前的（隐性）基石假设，重新开始推演。

我仍以乔布斯和苹果手机为例，用户使用移动设备的核心需求是通过便捷的人机交互，实现打电话、听音乐、上网冲浪等多样体验。以此为原点推演，传统观点认为用户至少需要一台翻盖手机、一台 iPod/MP3 和一台笔记本电脑。但以第一性原理推演，如果屏幕足够大、交互足够便捷、内存容量足够高，上网、听音乐、打电话的功能就可以在同一台设备上实现。于是 iPhone 横空出世。

事实上，第一代 iPhone 除了增加手指操作，几乎没有任何突破性的技术创新，手机玻璃屏幕使用的是康宁公司 20 世纪 60 年代就研发成功，但从未找到商业落地场景、已经弃置不用的大猩猩玻璃。乔布斯不过是将现有的技术方案组合起来，运用第一性原理重新构建基石假设，以客户需求为起点，实现了苹果公司如今每年千亿美元净利润和 3 万亿美元市值的成就。

核心客户的核心需求才是企业存续的本源，因此莫要用战术上的勤奋掩盖战略上的怠惰。企业的日常经营应要求全部员工都紧抓核心、紧抓主线，在每一个工作环节都紧紧抓住本质，避免以"做得多"来宣扬自己的努力而错过了对本质的追寻。

阿里巴巴前人力资源副总裁黄旭认为，企业在战略规划中，要确定每年最重要的 1～3 件事，不是 7 件或 8 件，是今年最重要的、最能带来突破的、不做就会耽误重要战机的 1～3 件事。有本事提 1 件，没本事提 2 件，最多可以提 3 件。

马云给下属定目标，向来都只定一件事，而且是又狠又准。陆兆禧接任淘宝首席执行官以后发现，淘宝遍地都是黄金，他认为可以很快让淘宝盈利，当时是每年亏损 2 亿元。

马云当年只给他定了一个目标：不准盈利一分钱，否则所有人都没有奖金、没有股票，而且他还宣布集团再给淘宝追加投资 50 亿元。为什么？因为马云认为当时的淘宝体量还太小了，才 1 000 亿元交易额，在他看来，做不到 1 万亿元交易额，淘宝就不可能建立真正的竞争力。这就是马云对事物本质的深刻把握[1]。

那么，你的公司今年最重要的 1～3 件事是什么？如果随机提问各部门负责人：公司今年最重要的 1～3 件事是什么？大家给的答案一致吗？如果团队对细分市场、核心客户核心需求抉择等存在困惑，或争论不休时（事实上这非常常见），回

---

[1] 详见刘润对话黄旭：管理中最重要的 13 件事。

到第一性原理进行思考和决策是有效的方法。

当年英特尔的传奇首席执行官格鲁夫在赖以发家并一度垄断的存储器业务与投资巨型工厂进入微处理器市场之间极为纠结。一天，格鲁夫提出了企业管理学史上非常经典的一个问题。他问摩尔："如果我们今天就被扫地出门，董事会引入一位新的首席执行官，他会怎么做？"

摩尔立即回答说："他会让英特尔摆脱存储器业务。"格鲁夫惊讶地看着他："为什么我们自己不这么做呢？"

一边是杀成红海的存储器市场，一边是规模尚小但快速成长的微处理器市场，格鲁夫最终意识到，如果一切从原点开始，伴随着计算机从科研、工程师、"极客"向大众普及，以IBM个人计算机为代表的小型化低成本计算机能够更好地满足普通用户办公、娱乐的核心需求，为小型计算机生产CPU显然是值得下重注的唯一重要的决策。[1]

这是当企业家或创业者纠结于如何进行重大决策时，回归

---

[1] 关于英特尔转型的详细描述，参见安迪·格鲁夫的著作《只有偏执狂才能生存》。

第一性原理思考的一个经典案例。

如果董事会引入一位新的首席执行官，他会怎么做呢？亚马逊贝索斯所强调的 Day One 理念也提醒创业者要永远立足于创业的第一天，不要背上今天的负担与包袱。这与董事会引入一位新的首席执行官是异曲同工的启示，只有永远胸怀 Day One 初心，才能遵循第一性原理进行深层次的思考和决策。

第一性原理是极简增长的内在本质，极简增长源自核心客户、核心需求的底层逻辑看似平凡，但其实具备了第一性原理的内涵。同时，第一性原理是企业家、创业者在面临战略抉择困惑、团队难以形成共识时的决策方法。

# KEEP GROWING SIMPLE

## 11

## 极简增长与四大创新

> 在产品技术创新上,华为要保持技术领先,但只能领先竞争对手半步,领先三步就会成为"先烈",明确将技术导向战略转为客户需求导向战略。
>
> ——任正非

研发是把钱变成知识,
创新则是把知识变成钱。

KEEP GROWING SIMPLE

创新的本质是突破，即突破旧的思维定式和旧的常规戒律。经济学上，创新概念源自美籍经济学家熊彼特：创新是指把一种新的生产要素和生产条件的"新结合"引入生产体系。它包括5种情况：引入一种新产品，引入一种新的生产方法，开辟一个新的市场，获得原材料或半成品的一种新的供应来源，形成新的组织形式。

任正非对创新的阐述也充分体现了华为的务实精神，强调客户需求导向的创新："在产品技术创新上，华为要保持技术领先，但只能领先竞争对手半步，领先三步就会成为'先烈'，明确将技术导向战略转为客户需求导向战略。通过对客户需求的分析，提出解决方案，以这些解决方案引导开发出低成本、高增值的产品。盲目地在技术上引导创新新潮流，是要成为'先烈'的。为此，华为一再强调产品的发展路标是客户需求导向。"

创新听起来很美好,但有些企业内心会害怕创新,因为创新似乎和研发类似,往往意味着投入、成本、风险、失败。但真正的创新必须强调最终创造商业价值,某种意义上,**研发是把钱变成知识(专利、非专利技术、know-how 等),创新则是把知识变成钱**,即将各种理念、技术、商业模式、想法等转化为商业成果。创新必须追求经营绩效和创造商业价值。

既然创新和商业价值创造紧密相关,那么创新同样需要极简增长的引导,极简增长同样适用于创新,两者相辅相成、相互支撑。成功的企业创新往往在于四大核心事项的创新:

- 定义了"新"的核心客户
- 满足了"新"的核心需求
- 提供了"新"的核心产品
- 采用了"新"的核心销售系统

创新不落窠臼,同时创新也有章可循,这是悖论,也是矛盾的统一体。让我们结合案例来讲述这四种创新方式。

## 定义"新"的核心客户

一种是主动定义更大规模的新客户群。

当年,在摩尔定律的加持下,仙童把芯片从军用推向民用的案例就是一个典型例证。1965年,第一代芯片企业仙童半导体[①],95%的产品供应给美国NASA和军方。仙童董事长罗伯特·诺依斯(Robert Noyce)认为芯片在民用领域会有更大的市场前景,但民用市场与军用市场的区别在于,军方可以以大价钱买芯片,但要想把芯片卖到民用市场,单价必须足够便宜。

戈登·摩尔不失时机地提供了理论依据。1965年,摩尔在《电子学》(Electronics)杂志上畅想未来:未来集成电路上的晶体管每18个月就能翻一番,单个晶体管的价格会持续下降,芯片计算能力会越来越强。这就是人们经常提到的摩尔定律。

理论指导实践,仙童下定决心面向民用市场进行革命性降价,直接以1折价格,即成本价出售新品,这种降价策略立竿

---

① 仙童的创立几乎就是美国硅谷诞生的标志。

见影,民用领域计算机芯片销量大幅增长。1966年,计算机公司Burroughs一次就向仙童下了2 000万个芯片的超级大单,比阿波罗计划采购量还要高20倍。从此,仙童在民用市场如鱼得水,逐步将业务中心从给军方制造芯片变成了制造民用计算机芯片。仙童通过定义民用市场这一新的核心客户群体获得了巨大的商业创新成果。

另一种则是被迫先为业界非主流客户提供产品服务,最后实现逆袭。

工业控制领域上市公司汇川技术(300124)在企业发展初期(2006年前后),创始人朱兴明就敏锐地判断工业自动化领域靠单一的变频器业务未来很难做大做强,随后汇川技术大举进军PLC(可编程逻辑控制器)及服务器系统领域,完成了从控制层到驱动层和执行层的系统布局。但国内PLC等工业控制产品(软硬件)市场彼时都是海外大厂西门子、三菱、欧姆龙、施耐德等的天下,国产化率极低,汇川技术如何才能占得一席之地呢?

PLC市场可以分为两大类:一类是中大型PLC市场,技术难度高,主要用于项目型市场,典型客户所属行业包括冶金、汽车、半导体、市政工程等,这是当时的主流客户。另一类是小型 PLC 市场，门槛较低，主要是委托他人生产的市场，典型客户所属行业包括纺织、电子、食品饮料等，这是当时的非主流客户。

汇川技术选择将当时所谓的非主流客户定位为自身的核心客户，并提供高性价比的优质产品和服务，从而逐步站稳了脚跟。2022 年，汇川技术在小型 PLC 市场所占的份额约为 11.9%，位列第二（排名第一和第三的厂商分别是：西门子占 41%，三菱占 9.8%），位列内资品牌第一名，殊为不易。

汇川技术披露 2023 年年报，公司实现营收 304.20 亿元，同比增长 32.21%，扣除非经常性损益后的归属于上市公司股东的净利润为 40.71 亿元，同比增长 20.12%。

## 满足"新"的核心需求

日本 7-ELEVEn 是世界上最成功的连锁便利店品牌，2023 年 7-ELEVEn 的全球门店已经超过 7 万家，大约每 3.5 小时就有一家 7-ELEVEn 门店开业。创始人铃木敏文总结 7-ELEVEn 取得成功的两个关键要素是：单品管理和满足用户不断变化的需求。铃木敏文强调："在我们眼中，真正的竞争对手并不是其他品牌的便利店，而是不断变化的客户需求。"①

1970年，日本开始步入老龄化社会，7-ELEVEn极其敏锐地发现了老龄化趋势下核心客户群体新的核心需求，即客户不仅仅需要购买商品，更需要各种便民基础设施服务。

1987年，7-ELEVEn在业界首创了代收水电煤等公共事业费的服务，对通过住宅区附近的便利店支付水电煤的顾客而言，金融和便利店之间的距离变短了。早在2000年，7-ELEVEn就推出了网上购物、送货上门、健康配餐和送餐上门等服务。

2001年设立的IYBANK银行（即现在的Seven银行）曾遭受外界强烈反对，当时，各家新闻媒体以"零售行业首家银行的诞生"为标题大篇幅报道了这则消息。但是，7-ELEVEn的初衷并非进军银行业，而是让7-ELEVEn便利店获得安装ATM机的资格，从而为顾客提供更便利的服务。

另一个满足新的核心需求的案例是亚马逊在2B方向上的

---

① 铃木敏文. 零售的哲学[M]. 顾晓琳，译. 南京：江苏凤凰文艺出版社，2014年.

探索。平台作为双边市场,核心客户一是消费者,二是商户。亚马逊从商户销售商品的核心需求,延展到按需租用互联网的核心需求,于2006年推出亚马逊网站服务,以网站服务的形式向企业提供互联网基础设施服务,这是亚马逊云计算业务的创新起点。

2023年度亚马逊财报数据显示:年度净销售额为5 747.85亿美元,营业利润为368.52亿美元。其中,亚马逊云计算业务在过去10年几乎一直保持一路狂奔的增长态势,2023年贡献了246.31亿美元的营业利润,占比高达67%。

初建于南非开普敦的亚马逊云科技团队只有8人,他们在办公室的角落里,以一个简单的数据中心机柜和几台计算机为出发点,开始思考和探索"如何让计算变得像开灯一样简单"。但估计这8个人怎么也不会想到今天的云计算业务贡献了亚马逊六成以上的营业利润。

## 提供"新"的核心产品

核心客户没变,核心需求也没变,能否通过提供新的核心产品实现创新突破呢?我们继续剖析汇川技术"低压变频器"首战成功的案例。

低压变频器也有很多海外大厂商，比如 ABB、西门子、安川等，汇川技术的创新之举在于推出了"一体化及专机：在公司通用产品的基础上，针对某些行业的特殊需求，开发的集控制与驱动于一体的产品。这些产品是针对行业特别开发的，具有一定的行业专用性"。

一体化及专机乍看起来有违"产品标准化"这一通用商业原理，通常产品越标准化、越通用就越有利于规模化。但汇川技术恰恰反其道而行之，因为一体化及专机能针对每个不同行业的特殊需求提供有针对性的产品和解决方案，自然深受行业客户欢迎。在若干行业的一体化及专机成功之后，再适时推出通用机就是水到渠成了。

从 2012 年度汇川技术的收入来看，当年度变频器类收入达 9 亿元，其中一体化及专机收入达 5.7 亿元，占比高达 63%。这种"先专用再通用"的创新发展模式帮助汇川技术快速赢得低压变频器市场。2022 年相关统计数据显示，汇川技术在中国低压变频器市场已经超过了 ABB 和西门子，以 19% 的市场份额坐上了头把交椅。汇川技术在低压变频器之后推出的服务器产品，同样也利用了先专用再通用的思路，也取得了成功。

## 采用"新"的核心销售系统

"铁三角"核心销售系统曾是华为在2B行业的重要销售模式创新。"让听见炮声的人来决策,以客户经理、解决方案专家、交付专家组成的工作小组,形成面向客户的小团队作战单元,要从客户经理的单兵作战转变为小团队作战",这是华为对铁三角的阐述。

失败是成功之母,华为铁三角销售模式源于早年间在苏丹的一次项目投标的惨败。2006年,华为苏丹代表处一次重要的投标失败,这暴露出了销售团队运作的诸多问题:组织架构与客户端的需求不匹配,绝大多数人还在按照传统模式运作。客户经理不懂产品,产品经理不懂交付,交付经理不涉及客户界面,每个产品部只是简单地沿用在国内的报价模式,只关注自己的"一亩三分地",缺乏统一协调的全网解决方案。华为苏丹代表处痛定思痛,总结出了铁三角的运作模式。客户经理、解决方案专家、交付专家三个人一起见客户,一起交付、一起办公、一起分享指标、一起分享成果,真正做到力出一孔、利出一孔,实现"泥三角"到"铁三角"的转变。铁三角在苏丹试点成功后,在北非地区部进行推广,取得不错效果后,经华为销售服务部推向全公司。

除了以上四种创新模式，还有一类创新也值得关注和探讨，即企业第二曲线创新。已经从第一曲线取得成功的企业，一方面有让别人羡慕不已的人力、物力、财力（隐性资产），同时往往也产生了各种阻碍创新的反作用力（路径依赖、经验束缚、僵化的流程机制、激励机制匮乏等隐性负债）。如何走出创新者窘境？企业如何进行第二曲线创新？答案是引入第5个变量：**建立新的生产关系。**

优秀企业，如上市公司、产业集团、独角兽、隐形冠军等，与内外部创业团队"大手拉小手"成立新创公司，并进一步联合科学家和技术专家的技术能力、专业机构的顶层设计等赋能能力，资源整合、四方联创。有了这种新的生产关系，我们不仅可以把企业内外部的"隐性资产最大化"，而且可以使创新组织"隐性负债最小化"，再结合"推翻隐性的假设"，即前述四种创新模式，往往能较大程度提高创新成功率。盛景研究院将这种高质量、高确定性、高能级的企业第二曲线创新创业形态定义为CIC产业孵化模式。

小米集团孵化培育了超过1 000家产业链生态企业，海康威视控股孵化了多个创新业务子公司（其中萤石网络已分拆上市），三一集团平行孵化三一重工、三一重能、三一重卡、易工品等，这些都是CIC产业孵化的典型案例。CIC产业孵化是企业第二曲线创新的最优解。

KEEP GROWING
SIMPLE

后 记

## 大道至简，从"人"的视角看极简思维

我在前文中从战略、增长视角谈了极简增长，在后记中，我更多从人的视角谈谈极简思维。

正是每一个活生生的人赋予了企业或组织生命力和意义，也正因为人的脆弱性、复杂性，每一个企业或组织时常会面临生死存亡的考验。企业家和创业者往往风格各异，企业或组织中的每一名员工更是具备复杂多样的社会化人格，而每一名员工背后就是一个家庭的喜怒哀乐，所以，正是因为对人的热爱，我们才体会到企业经营研究的现实价值与独特意义，才充

满研究和实践的热忱，这本书也才会面世。

**极简增长让自己和团队成为内心安定的行动者，更快乐地工作。**

"世自乱而我心自治，斯为正道。"在当今百年未有之大变局下，在不确定性时代，晚清名将胡林翼的这句名言当令企业家和创业者有所感悟。让自己烦躁的内心安定下来，你方能有战略定力，方能重拾游刃有余的从容感，方能更快乐地工作。所谓"此心不动，随机而动"。

当代著名史学家许倬云因命途多舛称自己是"破破烂烂的废料"。他生来瘫痪，终生饱受死亡的威胁；后又背井离乡，受尽漂泊之苦。漫长岁月里，他亲历过战争，目睹过杀戮，直面过太多危难时刻。但就是这个极具破碎感的人，最后备受人们的敬仰。如今，90多岁的许倬云先生仍笔耕不辍，仍在关心年轻人的未来和这个世界的未来。

他是如何度过一次又一次的人生危机的？老先生回答说："往里走，安顿自己。"往里走绝不是逃避，而是通过内修来安顿自我。愿各位企业家和创业者、每一位读者如许倬云先生所愿，"往里走，安顿好自己"。

"宁静致远"源自西汉初年刘安的《淮南子·主术训》，其义为：只有心境宁静、沉稳，你才能全心投入、专心致志，厚积薄发，追求更高的成就。只有内心宁静，你才能看到远方，才能专注当下，才能心无旁骛，才能将内心的强大力量释放出来。也因此，我将"宁静致远"作为我的微信签名，时时提醒自己让内心安定下来、少些浮躁。愿与大家共勉。

中国经济正处于转型升级期，众多的企业家和创业者在变幻莫测、压力环绕的商业世界正经历着精神内耗。内耗比内卷更令人痛苦，内卷是和别人竞争，但内耗是和自己战斗。这不仅让企业家和创业者"压力山大"，难寻事业的快乐，也必然会干扰和影响企业的决策水准和高效经营。

"事情还没做就开始担心失败，反复琢磨别人的看法，一件事反复纠结，自我怀疑，过度解读他人的言行，团队无法形成共识、协调起来太累……""内耗"，就是在面对内外部众多不确定性因素时，经常性地焦虑；面对暂时的挫折或困难时，时常自我否定或怀疑；面对外部环境的变化时，往往忧心忡忡。从心理学角度来看，精神内耗就是想得太多、做得太少，被负面信念所主导。

在企业经营中，企业家或创业者产生自我内耗的原因多种多样，较为常见的无非以下几种：

- 中国经济正在进入中低速增长期，各行各业都在受到实质性冲击，面对高度不确定的外部环境，如何实现战略破局？如何生存或持续增长？企业家颇为迷茫或困惑。

- 企业经营较为复杂，多业务、多产品线、多区域交织，剪不断理还乱，企业家或创业者多线作战、疲于奔命、四处救火。

- 企业家或创业者缺乏成就感，甚至时常产生挫败感或无力感，亦难以有效凝聚团队的战斗力。

与此同时，更普遍存在的是组织内耗。组织内各部门之间因为各种原因产生了"部门墙"，或者是"竖井效应"，各部门各自为战，无法做到力出一孔和利出一孔。企业未老先衰，企业规模可能并不大，但"大企业病"却已经颇为明显。

如何化解企业家或创业者的焦虑？如何有效破解组织内耗？共同的答案就是，在企业里坚定推行极简增长。如此一来，我相信企业家的个人焦虑和组织内耗都将逐步消失不见或显著好转，你将感受到极简的力量与魅力，重新找到专注事业的快乐，就像巴菲特所说的那样："每天跳着踢踏舞去上班。"

首先，推行极简增长，企业应坚决贯彻一抓到底的原则，抓透、抓细；不能只是听过、看过，知易行难，企业只有付出百分之百的努力，才有可能在企业中成功地贯彻执行极简增长方法论。同时，企业家或创业者应对与前述战略抉择无关或低关联的人和事尽可能保持钝感力，避免受到外界过多的打扰从而分散精力，要保留元气。

"钝感力"一词来自日本知名作家渡边淳一，指的是拥有迟钝而坚强的神经，不为烦琐动摇，无论处于怎样的环境中，都能把有限的敏感力放在最有价值的地方，精神饱满地生活下去。这种钝感力，正是人们向崭新领域挑战时获得成功的原动力。

极简是一种价值观，是指具有清晰的目标与极强的自制力。它让我们重新夺回时间的主宰权，把有限的时间留给重要的人和事，达到更高的工作效率和建立极简的人际关系。领导者忙起来很容易，难的是在正确的事情上卓有成效。

今天，面对社交媒体的泛滥和快节奏的工作与生活，我们往往疲于奔命，这一切看似热闹，其实往往只是低效率的努力而已。极简价值观强调通过简化不必要的社交活动，让我们可以更专注于有价值的交流，建立更健康、更长久的人际关系。所谓人脉，只有在彼此资源旗鼓相当或能够为彼此创造价值时才有意义。即便在酒局中觥筹交错，即便添加了微信好友，你们也只会是陌生的"熟人"。因此，与其花费大量时间进行低效的商业社交，费尽心思扩充所谓的高端人脉，不如竹篱茅舍自甘心，给自己留出更多的时间和空间，提升自我内在价值。

乔布斯一生不喜社交，却将产品做到了极致，创造了不朽的事业，改变了全世界，给全人类带来了更美好的生活。宁愿享受孤寂，也不在所谓热闹中消耗自我。内心丰盈者，独行也如众。

另外，极简增长应高度关注当下，心无杂念地切实展开有效行动。美国心理学会前主席、著名心理学家菲利普·津巴多在其《津巴多时间心理学》（*The Time Paradox*）一书中提到时间观的概念。时间观分为过去、现在、未来三个维度。过去和未来都是基于当下的你而存在的，你的过去都曾经是你的现在，而你的未来就是你现在的累积。只有高度关注当下，你才能具备重构过去和创造未来的力量。

可企业家、创业者、经理们常常出现的状态是："放不下过去，又惶恐于未来。"纠结于过去的负面回忆，我们会被无力感包围，后悔、自责，情绪低落，被太多感性的烦恼缠绕一路负重前行。过度担心未来还未发生的事情，我们会变得焦躁不安、担忧，甚至恐惧，害怕失败，不敢前行。但其实过去只有真正放下了才能成为过去，而我们规划未来是为了有更好的依据过好当下。每一个当下才是人生全部的意义。

我们想要成功、想要赢得尊重和认可、想要证明自己，这本是前进的动力，但是这样的欲望一旦过度，就会带来杂乱的思绪，导致你无法专注于当下。过于在意他人或世俗眼光的评判也会让你陷入精神内耗。这种精神内耗不断消耗自我能量，最终将会使我们失去感知美好事物的能力。

《禅宗公案》中记载了这样一个故事：

> 行者问和尚："您得道前，做什么？"和尚说："砍柴、担水与做饭。"
> 
> 行者问："那得道后呢？"和尚说："还是砍柴、担水与做饭。"
> 
> 行者说："得道前后都一样，何谓得道呢？"
> 
> 和尚说："不一样。得道前，我砍柴时惦记着担水，担水时惦记着做饭；得道后，砍柴即砍柴，担水

即担水,做饭即做饭。"

这就是专注于当下。

专注于当下,立刻行动,不恋过往、不惧未来,才能令事业有美好的未来。

**极简思维是一种人生观和生活方式,让自己和团队生活更幸福。**

近年来,"少即是多"这一概念不仅在绘画、建筑、设计、生活等领域广为流传,在中国商业界亦被奉为经典。极简不仅是去除杂乱的简单处事风格,更是蕴含着美、哲理、创意、禅意的非同凡响的经典作品或生活方式。

周国平说:"人生的使命,就是把生命照看好,把灵魂安顿好。"把灵魂安顿好,就是要寻找到自己心之向往的梦想。心之向往之外的人和事即为心外之物,应当放下,少些牵绊。平平淡淡才是真,知足常乐,极简思维必会令自己和团队感受到更幸福的生活。

极繁主义风格体现为细节上的繁复装饰、多彩的颜色、多样化的拼贴、多元化的取材、无尽的奢华感、多种风格与元素的结合，给人以多元化的视觉感受。随着世界变得越来越纷繁复杂，极简主义只保留生活中简单的基本需求，试图摆脱杂乱和冲突，是对当代烦琐生活、焦虑和压力的切实回应。

谈到极简，最经典的是乔布斯的生活画面。在 1998 年到 2011 年 13 年间的每一次发布会上，乔布斯穿的都是黑色上衣、洗白了的牛仔裤。他的家中布置也极为简单：一张爱因斯坦的照片、一盏桌灯、一把椅子和一张床。

曾经有人在网上晒出马斯克的卧室，极简得让人难以置信。卧室里没有床，只有一张床垫，地板上放了几件衣服、一个双肩包和两台笔记本电脑。马斯克还对此进行了回复："和真实情况差不多，上周末我还睡在朋友家的沙发上。"

华为总裁任正非同样低调而极简，曾经有一张在网上被广泛传播的照片：在机场，72 岁的任正非没有走贵宾通道，没有带随从人员，也没有豪车接送，而是衣着朴素，和游客挤在一起，一手拖着行李箱，一边打电话，一边排队等出租车。

"股神"巴菲特虽为世界顶级富豪，至今依然住在 1958 年花 3.15 万美元购置的位于其故乡内布拉斯加州奥马哈的老房子里，吃汉堡、喝可乐，开着通用老款轿车。曾有人问巴菲特为什么不去买更好的房子，巴菲特回应："如果花1亿美元买一座房子可以让我们更快乐，我当然会去做。但是对我来说，这座房子是让我最幸福的房子，因为它承载了我和家人的记忆。"

这些世界顶级企业家或投资家，不约而同地秉承了极简主义人生观。极简主义本质上并不是强调所谓低欲望，不是极俭（俭朴），而是极减后的简单。它是回归自我内心深处，专注于追求人生价值的自我实现，选择自己喜欢的生活方式，而非以世俗眼光来评价自己的人生。

乔布斯的心之向往是"活着，改变世界"，所以在生活中他把着装减到只有黑T恤，从而不必浪费时间去做着装选择，他把全部能量聚焦在打造极致产品上。但这并不妨碍乔布斯是个追求品质的人，他那100多件一样的黑T恤，出自日本著名设计大师三宅一生之手。

马斯克的心之向往是"以人类未来的安危为己任和担纲"，生活俭朴到卧室只有床垫，他甚至卖掉了自己的房子。他把所有的精力都投入到热爱的工作上，睡觉只是"随遇而卧"。但是他出行却选择使用私人飞机，因为私人飞机是能帮助他节约时间的最重要的商旅工具，使他得以高效地管理多家公司。

华为立志把数字世界带入每个人、每个家庭、每个组织，构建万物互联的智能世界。这是任正非的心之向往。

巴菲特则不仅是企业家、投资家，也是慈善家。

极简的生活方式，是给生活做减法，减去或简化不必要的物质或精力的消耗，让生活状态与心之向往相匹配，"不纠结、不错配、不内耗"，不让生活中的琐碎、苟且干扰你追求心之向往，不让生活中的落差、煎熬等阻碍你实现人生理想。

"22:45 睡觉，06:45 起床，起床后阅读，吃麦当劳的早餐，固定车辆，固定路线，重复 50 年。"这就是股神巴菲特的日常生活，简单而规律。巴菲特认为时间是有限的，需要删除一切与梦想不相干的事，只有减少或避免在无关紧要的事情上做决定、花时间，才能将更多精力和心力投入更重要、更有价值的事情之上。

正如柏拉图所言："最重要的不是活着，而是活出美好。"这才是对极简人生观和生活方式真正的诠释。找到你的心之向往，其他的，让它更简单。

饱受磨难的著名作家史铁生在其杂文集《放下与执着》中写到：既得有所"放下"，又得有所"执着"——放下占有的欲望，执着于行走的努力。

在企业中，企业家或创业者应当执着于战略聚焦与组织共识，将战略抉择一抓到底，放下那些与战略抉择无关的人和事、名与利等身外之物。

当企业家、创业者把极简思维带到所创办的企业里，将其作为企业决策的准则与价值观，推动并落实极简增长时，我相信这不仅会让企业家、创业者自身感到更快乐、更幸福，也会让企业文化、组织氛围焕然一新，让组织效率显著提升。团队成员也会在这样一个简单高效的组织中体会到幸福、获得成长，这可能是当今时代对人才最大的吸引力所在。

大道至简，这个被现代人所忽略的古人智慧，恰恰是当今商业世界、纷繁生活中众多难题的解决方案。

## 未来，属于终身学习者

我们正在亲历前所未有的变革——互联网改变了信息传递的方式，指数级技术快速发展并颠覆商业世界，人工智能正在侵占越来越多的人类领地。

面对这些变化，我们需要问自己：未来需要什么样的人才？

答案是，成为终身学习者。终身学习意味着永不停歇地追求全面的知识结构、强大的逻辑思考能力和敏锐的感知力。这是一种能够在不断变化中随时重建、更新认知体系的能力。阅读，无疑是帮助我们提高这种能力的最佳途径。

在充满不确定性的时代，答案并不总是简单地出现在书本之中。"读万卷书"不仅要亲自阅读、广泛阅读，也需要我们深入探索好书的内部世界，让知识不再局限于书本之中。

## 湛庐阅读 App: 与最聪明的人共同进化

我们现在推出全新的湛庐阅读 App，它将成为您在书本之外，践行终身学习的场所。

- 不用考虑"读什么"。这里汇集了湛庐所有纸质书、电子书、有声书和各种阅读服务。
- 可以学习"怎么读"。我们提供包括课程、精读班和讲书在内的全方位阅读解决方案。
- 谁来领读？您能最先了解到作者、译者、专家等大咖的前沿洞见，他们是高质量思想的源泉。
- 与谁共读？您将加入优秀的读者和终身学习者的行列，他们对阅读和学习具有持久的热情和源源不断的动力。

在湛庐阅读 App 首页，编辑为您精选了经典书目和优质音视频内容，每天早、中、晚更新，满足您不间断的阅读需求。

【特别专题】【主题书单】【人物特写】等原创专栏，提供专业、深度的解读和选书参考，回应社会议题，是您了解湛庐近千位重要作者思想的独家渠道。

在每本图书的详情页，您将通过深度导读栏目【专家视点】【深度访谈】和【书评】读懂、读透一本好书。

通过这个不设限的学习平台，您在任何时间、任何地点都能获得有价值的思想，并通过阅读实现终身学习。我们邀您共建一个与最聪明的人共同进化的社区，使其成为先进思想交汇的聚集地，这正是我们的使命和价值所在。

# CHEERS

## 湛庐阅读 App 使用指南

**读什么**
- 纸质书
- 电子书
- 有声书

**怎么读**
- 课程
- 精读班
- 讲书
- 测一测
- 参考文献
- 图片资料

**与谁共读**
- 主题书单
- 特别专题
- 人物特写
- 日更专栏
- 编辑推荐

**谁来领读**
- 专家视点
- 深度访谈
- 书评
- 精彩视频

HERE COMES EVERYBODY

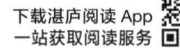

下载湛庐阅读 App
一站获取阅读服务

图书在版编目（CIP）数据

极简增长 / 彭志强著 . — 杭州：浙江教育出版社，2024.12.（2025.3重印）— ISBN 978-7-5722-8970-5

Ⅰ . F272.3

中国国家版本馆 CIP 数据核字第 2024D21T39 号

**上架指导：商业 / 经营**

**版权所有，侵权必究**
**本书法律顾问　北京市盈科律师事务所　崔爽律师**

# 极简增长
JIJIAN ZENGZHANG

彭志强　著

| | |
|---|---|
| **责任编辑**：刘姗姗 | |
| **美术编辑**：钟吉菲 | |
| **责任校对**：李　剑 | |
| **责任印务**：陈　沁 | |
| **封面设计**：章艺瑶 | |

出版发行：浙江教育出版社（杭州市环城北路 177 号）
印　　刷：河北鹏润印刷有限公司
开　　本：880mm×1230mm　1/32
印　　张：11.75　　　　　　　　字　　数：224 千字
版　　次：2024 年 12 月第 1 版　　印　　次：2025 年 3 月第 3 次印刷
书　　号：ISBN 978-7-5722-8970-5　定　　价：99.90 元

如发现印装质量问题，影响阅读，请致电 010-56676359 联系调换。

重磅赞誉 01

力出一孔的极简增长方法论 10

目 录

# 重磅赞誉

诺唯赞12年来围绕生命科学领域创新创业的深刻体会：科技人才创业，要洞察客户最痛不欲生的、还没有得到满足的需求点；在竞争不充分的细分品类，充分发挥科技人才的研发优势，打造爆款，并依托爆款以极低成本获客，销售队伍容易存活并扩张，借此获得机会窗口的超额利润；在此基础上洞察到更大的机会点，吸引优秀人才加入、攻占更大空间的品类，构筑核心竞争力！这也是我对书中强调的"极简四核"极为认同的原因。《极简增长》是科技创新型企业跨越"死亡之谷"、孕育勃勃生命力的务实行动指南。

**曹林**
南京诺唯赞生物科技股份有限公司创始人、董事长

《极简增长》为企业应对数字化时代的挑战提供了操作性的增长路径。书中通过四大核心追问，帮助企业去繁就简，聚焦于最具战略价值的部分，确保资源的精准投入和高效利用。

　　这正是企业在面对不确定性时所需的战略升维，要从复杂的经营中解脱出来，以敏捷的姿态应对瞬息万变的市场需求。

**陈威如**
中欧国际工商学院战略学教授

　　一提到"增长"，很多企业家、创业者、经理人的本能反应就是做"加法"，增加业务、增加产品线、增加销售渠道。一旦掉入"复杂性陷阱"，偏离本质，极易积重难返。

　　《极简增长》一书很好地说明了，成功企业为何都善做"减法"：他们为道日损，聚焦核心，只在"刀刃"上发力。本书提炼的四大核心抉择是"极简增长"方法论的精髓，值得企业家、创业者反复琢磨、透彻理解。

**陈为**
正和岛总编辑

企业家长期处于"增长的窘境",一方面为企业增长乏力、缺乏增长基础和增长良方而苦恼,另一方面也会因为无序增长、寅吃卯粮而得不偿失。要实现高质量的增长,企业家不仅需要把握企业增长的本质,而且需要具备先进的增长方法论。《极简增长》一书源于对企业实践的长期洞察和深入解构,具有商业预见性和思想深刻性,所创立的先进增长方法论,能助力企业家化解增长困惑,应对企业外部环境的复杂不确定性,找到实现企业高质量增长的"金钥匙"。

高建

清华大学经管学院创新创业与战略系教授

回顾自己在日本创业的13年,从通信行业起步,通过不断探索新赛道,经历了繁杂的思考与选择,最终进入金融科技领域。通过做减法,聚焦核心,成为首家在日本东京证券交易所上市的华人金融科技公司,盛景是 Netstars 的天使投资人,彭志强先生的《极简增长》理念给了我们深刻的启发。强烈建议大家在阅读这本书时,结合自己的经历,总结出适合自己的"极简增长"方法。

李刚

Netstars 创始人、社长、首席执行官科技企业必须盈利，必须增长，这是个不争的事实。在全球竞争日益激烈的今天，科技企业如何找到落地场景，真正解决客户痛点，如何优化研发资源、避免盲目投入都是创业者们必须深度思考的问题。《极简增长》为科技创新企业指引了一条从技术研发到成功商业化的高效路径，紧密围绕四大核心抉择，消除错配，确保每一笔研发资金都集中于最具潜力的创新领域，企业就有机会实现持续、健康、高质量增长。

**宋军**

中国科协原党组成员、书记处书记

复杂性犹如一张巨网，可能导致企业的突然衰败，应尽量避免。《极简增长》带来了一个清晰的思路和方向：企业需要实践"极简增长"策略，通过聚焦简化流程、商业模式和组织结构，提高效率，降低成本，增强竞争力。科技创新也应回归简单思维，通过简化来突破瓶颈，如特斯拉的"一体化压铸技术"展示了如何通过简化生产流程降低成本与复杂性。任正非也强调，简单的执行常常优于复杂的战略，成功的关键在于资源的集中与优先级的明确。

本书深入剖析了当前商业环境的种种挑战，展示了如何将复杂问题简单化，以及借助科技创新不断突破自身局限，能为创业者和企业管理者带来洞见与灵感。

**檀林**

北大汇丰商学院未来实验室首席未来学家

世界纷繁复杂，增长千头万绪，只有洞悉本质的人，才能真正推动世界的发展与改变。《极简增长》从第一性原理出发，以核心客户的核心需求为中心，提供了一套简单有效、易于落地的系统性增长方法论，值得每一位创业者借鉴学习。

**童之磊**
中文在线董事长兼总裁

"大道至简"、"Less is more"、"简单、极致、快"，这些耳熟能详的至理名言每个人都听过。但真正理解，并能够付之于实践的企业家少之又少！过去三十年，企业家们习惯于规模化、多元化和集团化。很显然，旧的模式已经不能适应新常态的竞争环境。面向未来，极简增长和聚焦战略是每一个企业家不得不思考的问题。

聚焦核心客户的核心需求并持续挖掘，聚焦核心产品并持续创新，聚焦核心战略并持续优化。以极简战略、极致产品和高效运营，服务核心客户，实现极简增长！

**王俊峰**
君联资本联席首席投资官、董事总经理

《极简增长》一书一针见血地指出了很多企业由盛转衰的根本原因：企业管理者将"增加"等同于"增长"，进而等同于"利润"。殊不知，这种复杂性正是导致企业衰败的隐形杀手。如果你的企业也面临着产品种类多、用户群体广泛、资源投入分散、变现流程复杂等问题，那说明它已经落入了"复杂性陷阱"。你需要给企业做减法，帮助它"瘦身"、"增肌"，它才能跳出陷阱，回归正轨。

王文博<br>香港科技大学终身教授、博士生导师

增长是企业的基本追求，如何成功实现增长，每个企业都在积极探寻。彭志强先生的新著《极简增长》以回归商业本质的智慧，揭示了企业增长的四大核心要素：核心客户、核心需求、核心产品、核心销售系统，去除了企业增长之术的花拳绣腿，直击增长的核心，让纷繁复杂的商业世界简明清晰。读后顿感大道至简，颇有共鸣，谨此推荐。

王文京<br>用友网络董事长兼 CEO

指数级增长的规模扩大终有上限，增长最终都会回归像素越来越高、颗粒度越来越细、场景越来越具体。"极简增长"是盛景研究院 17 年产业深耕所沉淀的增长方法论，增长始终以人为中心，极致聚焦核心客户的核心需求，全力以赴长板优势。"极简增长"也是立足长期主义的价值观选择，以"少即是多"的商业哲学，在后增长时代重塑增长。

吴声<br>场景实验室创始人、场景方法论提出者

我们常说，人生需要做"减法"、"除法"，商业世界亦是如此。商业是一场持久战，一个真正属于长期主义者的时代已然来临。未来的发展一定不是过往所有成功的一个积累，在面对充满不确定性的新范式时，我们需要洞悉本质、穿越周期的认知和能力。"极简增长"站在长期主义视角，用极致简化的方法论还原了企业经营的原点，将可持续且高质量的增长目标以简单而高效的方式落地。

吴晓波

财经作家、巴九灵创始人

我在科技创新领域工作了39年，先后管理过不同类型的多家企业，对《极简增长》一书中很多观点有高度的共鸣。这是我读过的有关企业增长的书籍中最好的一本。此书内容丰富，既有方法论又有制定和实施企业增长战略的有效工具，还指出了战略管理中的常见误区，对于当下的企业经营管理实践具有特别的指导意义。作为管理者，要做正确的事情、关键的事情，避免"错配"。深读《极简增长》，相信企业管理者和创业者可以少走很多弯路。

宣鸿

原中关村管委会副主任、原中关村发展集团总经理

中关村独角兽企业发展联盟理事长

企业未来面临的是规模基础上的高品质竞争。人的高品质、管理的高品质、工具的高品质，以及综合起来的生存机制高品质等值得特别关注。《极简增长》一书所提炼的企业极简增长之道，就是高品质生存发展之道。其中关于核心客户、核心需求、核心产品、核心销售系统的"四核见解"尤其值得琢磨研读。

**张国有**

北京大学信息技术高等研究院首席经济学家

北京大学原副校长

智谱是一家致力打造新一代认知智能大模型，赋能千行百业加速迈向通用人工智能时代的 AI 公司。AI 多模态技术的突破不仅代表着大模型技术曲线加速进步，更揭开了人类智能机器协作的新篇章。在人工智能发展大浪潮中，中国 AI 企业发展空间广阔。中国企业如何最大化地实现创新突破？相信你会在《极简增长》一书中找到答案。

**张鹏**

北京智谱华章科技有限公司首席执行官

一级市场现在处于估值回调期，正是投资的好时点。创业企业一定要能自我造血，要有商业化变现能力，要能建立长期壁垒。创业者一定不要小看任何一个垂直场景，很多垂直场景里面都蕴藏着机会，一定要找到这种能引起客户尖叫的场景，"极简增长"方法论将会帮助创业者找到这个核心场景。

**朱啸虎**

金沙江创投主管合伙人

创业既需长期准备与恒心,更应坚守"用户价值至上"。这本书不仅深入浅出地传授了实用的商业策略,更强化我对长跑型企业海外发展初心与本源的执着坚守。无论你的企业是扎根本土还是立志"出海","极简增长"方法论所提出的新视角都值得深入思考与借鉴,推荐给每一位有梦想、有追求的企业家和创业者。

竺兆江

深圳传音控股股份有限公司创始人、董事长

# KEEP GROWING SIMPLE

# 力出一孔的极简增长方法论

1. "极简增长"致力于将高质量增长的国家战略有效落实到具体的企业经营之中。

2. 增长能"极简"吗？想必不少企业家、创业者、管理层内心都有这样的疑问。我的答案是增长可以"极简"，而且我认为恰恰只有"极简"才能实现预期的增长。

3. 简约与复杂并不对立冲突，而是辩证统一的关系。"阴中有阳，阳中有阴"，简约中有复杂，复杂中有简约。

4. "不可胜在己。"孙武在《孙子兵法》中早已洞悉了阻碍人们取胜的关键点。

5. 复杂性是导致企业衰败的"隐形杀手","错配"是企业增长最大的敌人。

6. 极简增长四大灵魂追问:
核心客户到底是谁(一米宽)?
核心客户的核心需求到底是什么(一百米深)?
用什么核心产品(爆品)满足核心客户的核心需求?
核心产品的核心销售系统是什么?

7. 极简增长是存量经济时代的增长之道。

8. 企业家或创业者只要把主战场从"满足相同客户的相同需求"转向"满足相同客户的不同核心需求"、满足"不同客户的核心需求",就会逃离恶性的同质化竞争,"内卷"的压力瞬间就会减轻。

9. 聚焦"新"的核心客户,开辟蓝海。在市场绝对领导者的阴影和缝隙中,寻找尚未被满足的用户需求,重新细分或切割市场,实现战略逆袭。

10. 当以产品为中心时,你会发现到处都是竞争对手,而当以客户为中心时,你会发现机会无处不在。

11. 处在产业链中上游的企业,除了需要关注和研究自己的直接客户,还需再深挖几层。深入研究客户的客户、客户的客户的客户,直至终端消费者(end user)。

12. 在深挖几层的过程中，有一个常见误区就是将"加盟商或经销商"作为公司的核心客户。

13. 客户通常可分为 4 种角色：决策者、购买者、影响者、使用者。对客户的研究需要基于客户的不同角色，不断深入。

14. 我们正在迎来"用户主权时代"，不能赢得"最终使用者"青睐的产品或服务，必将被淘汰或边缘化。

15. 聚焦核心客户，找到核心需求。核心客户被称为"一米宽"，核心客户的核心需求被称为"一百米深"。核心客户的核心需求是极简增长的原点。

16. 集中精力找到核心客户刚性、高频、海量的需求，即"刚高海"需求。这三个维度是核心需求的进阶特征，"刚需"是基础，高频是重要加分项，海量是成为大企业的关键。

17. "海量"与"聚焦"矛盾吗？企业需要找到"小切口、大市场"，所谓"一根针，戳破天"，"一根针"表明足够聚焦，"戳破天"表明市场空间足够大。"一根针，戳出了洞"则表明市场空间有限。

18. 科技企业的技术领先性至关重要，但市场需求往往会决定一项先进技术的生死、市场规模的大小或企业发展的快慢。

19. 当今，硬科技新技术毫无疑问是第一生产力，但其依然要遵循市场规律与客户需求。

20. 核心产品就像音乐专辑里的"主打歌"。

21. "成也核心产品，败也核心产品。"

22. 为什么企业家、创业者都认可要打造核心产品，却往往没了下文，因为你不敢进行压强性投入、害怕集中投入、恐惧失败的风险，而核心产品一定是"压强性投入"的结果。

23. 将打造 10 倍好的产品作为目标。打造与竞争对手相比"10 倍好的产品"才能避免陷入同质化竞争。"好一点"、"好一些"甚至"大幅领先"都远远不够，很快就会被竞争对手迎头赶上。

24. 无论是在 2C 领域，还是在 2B/2G 领域，"将简单留给用户，将复杂（难度）留给自己"是创造客户价值的主要方向之一，是打造核心产品的"不二法门"。通用人工智能时代将全面加速这一趋势的来临。

25. 大客户顾问式销售需要充分展现专业性，比客户更专业，并将"专业性有形化可视化"，同时，"帮助客户成功"是其使命，"将大客户做大"是其成功关键，发展"灯塔客户"或"标杆客户"是其有效的拓展手段。

26. 深度营销已经成为快消领域的制胜法宝。其核心思想是先聚焦某个局部市场，形成明显优势，再滚动复制。这一原则很容易理解，但如何贯彻到企业经营实践中呢？历经多年实践，我认为务必第一时间建立和实施一个关键举措，即建立"有效性"评估体系：有效终端、有效代理、有效客户等。

27. 在某些重要市场形成了统治型密集开店策略的连锁品牌，因其LTV被大大地提升，因此，资本市场在估值时会给予其资本溢价，体现在更高或较高的市盈率或市销率上。

28. 提高复购率和NPS。开发一个新客户是维护一个老客户成本的8倍，无论对于哪种类型的公司，高留存率都是实现高利润的决定性因素。

29. 推动大客户为你提升NPS的主要动力不是帮助你，而是帮助他自己。

30. 企业家、经理人的100个想法，即使经过了深思熟虑，通常也就50个想法能够"自圆其说"，往往也就20个经得起"字斟句酌地推敲"，能够形成书面方案，最终往往也就10件事能够"做"成。因此，"听、看"只是浅层次、起步式的学习方式，"想、说、写、做"才是企业家、公司高管有效学习和实践的必然路径，这也是将极简增长路径清晰表达出来的基本要求。

31. 找到企业所应聚焦的针尖大的领域，就是企业竞争中的"先胜之道"。

32. 细分市场就是帮助你做出决策的"作战地图",是帮助你从上至下、从结构性和整体性视角增加对核心客户、核心需求、核心产品、核心销售系统的感性认知的有效方法。

33. 企业家或创业者在进行细分市场划分与定义时,务必紧抓关键维度,甚至创造性地"砍一刀",即对市场进行创造性的切割或定义,好比企业家或创业者修炼到武侠小说里"小李飞刀例无虚发"的至高境界,"一刀入魂"。

34. 企业家、创业者要区分战略规划和企业愿景。企业愿景要面向长期和未来,是数十年的视角,必须宏大,甚至往往从当下情况来看尚无法实现。宏大(甚至是当下无法实现),才能真正激励人心。战略规划通常是短期或中期规划,如年度战略规划或5年战略规划,必须大概率能实现,具有较高的现实可行性。

35. "今天的小市场、未来的大市场"将是企业寻找细分市场的最佳选择,选对池塘钓到鱼。

36. 如果你想把精力集中在最重要的事情上,就必须学会对不是最重要的事情坚决说"不",而这才是真正的考验。

37. 是的,各位企业家、创业者,你们只要做一件大事,但你必须自己找到它。

38. 只有符合四大核心抉择的重大投资计划,才值得进一步评估其合理性或必须性。同时,在资金层面,企业务必量力而行,避免现金流被拖垮。

39. 如非必须，原则上不做、少做固定资产的过大投入。

40. 企业家、创业者要拿出10倍于产能建设的精力、资源投入到销售前置、资金筹措等方向，防止企业猝死于资金链断裂。

41. 零售连锁业也可能是重资产。

42. 应显著提高生产性服务业在制造业中的比重，这是中国企业加强"软能力"建设的重要方向与机遇。

43. "软能力"建设的核心是人才，对人才投资的价值远高于对固定资产投资的价值。

44. 通过被并购方式融入更强大的生态，寻找到更强有力的合作伙伴，是企业寻求增长与发展的一种主动战略选择。基于核心客户、核心需求的并购（被并购），其成功率将大大提高。

45. 为何中国A股目前还是"牛短熊长"？虽然有这样那样的原因，但归根结底还是由于中国公司的盈利能力尚有限，因为科技含量不够（多在价值链中的低端）、利润率有限、资金周转慢，并且规模仍有限（全球化占比较低）。中国企业仍缺乏能进行分红或回购的高额净利润，反而只是习惯于在市场上持续融资或大股东套现减持。

46. 从一个企业或者一国的经济视角来看，如何健康地加大乘数效应（杠杆系数）是企业必须面对或回答的关键问题。科技企业通过放大主营业务层面的业务杠杆（全球化、大规模、高盈利），乘以资本市场层面的市值杠杆（市盈率或市销率），两次乘数效应，都是比较健康的杠杆放大模式，而且两次乘数效应相乘的最终结果将极为惊人，这是中国经济迎接当下挑战的最佳路线。

47. 在研发管理中，企业家、创业者既要关注研发投入（绝对值、与收入之间的相对比例），这是从企业战略视角进行宝贵资源分配的重要事务，也要关注研发投入的有效性，促使研发管理产生重大价值和经济效益，而非仅仅是"打水漂"的无效投入。

48. 凡是符合四大核心抉择的研发投入，就是合理的、值得的，这一类研发投入再大、再难，都值得努力坚守。这一类投入终将获得应有的市场回报。凡是不符合四大核心抉择的研发投入，就是不合理的、不值得的，这一类研发的前景再令人激动，也不应该做。

49. 企业研发费用削减不了，往往不是能力问题，而是管理者的认知和心态问题，他们不愿意承认把研发费用浪费在了核心客户刚需之外的功能开发上。

50. 研发管理和产品开发处于企业内部价值链最上游，这里出现的问题将通过生产制造、销售、交付、售后服务等下游环节被放大 $N$ 倍，小问题都会被放大成大问题。更何况在研发管理或产品开发上存在重大的方向性错误，对企业必然是毁灭性灾难。

51. 企业家或创业者应将 80% 的精力放在寻找和甄别人才上，而甄别标准就是前述战略规划中的四大核心抉择。

52. "关键任务"是指对企业未来几年或今年达成总体目标非常重要、具有挑战性的大事，即用常规方法不易达成，必须采用突破性、创造性方法、压强性投入才有可能破局或达成的大事。

53. 企业战略规划每年应该选定 1～3 件最重要的事（即关键任务），企业应该围绕这 1～3 件最重要的事确定 1～3 个最重要的人才，即关键人才。人多力量大正在让位于关键人才策略。

54. 极简增长，不仅是"事"的聚焦，同时也是"人"的聚焦。更小、更敏捷的极简组织，不仅是科技创业团队发展的必然趋势，也是大量耕耘产业多年的隐形冠军企业的发展趋势。

55. 把核心客户的核心需求作为战略规划的原点与内核，是最符合第一性原理的企业增长方法论，亦是最符合第一性原理的战略管理方法。

56. 研发是把钱变成知识（专利、非专利技术、know-how 等），创新则是把知识变成钱，即将各种理念、技术、商业模式、想法等转化为商业成果。创新必须追求经营绩效和创造商业价值。